宇山卓栄

朝鮮属国史

中国が支配した2000年

扶桑社文庫
0758

はじめに

朝鮮半島は一時期を除き、約2000年間、中国の属国でした。朝鮮は属国として、中国に多額の金銭・物品を貢がなければなりませんでした。しかし、朝鮮は土地の痩(や)せた貧弱な国であったので、充分な貢ぎ物を用意することができず、代わりに美女たちを送りました。彼女たちは「貢女(コンニョ)」と呼ばれ、多くが性奴隷にされました。

第16代朝鮮王の仁祖(インジョ)は中国の清王朝皇帝に土下座して、平伏しました。仁祖は中国皇帝を讃え、自らを卑下する内容の文を石碑に刻まされました。この「恥辱碑」と呼ばれる石碑（「大清皇帝功徳碑」）が今もソウルの江南地区に残されています。中国に踏みつけられた朝鮮の悲惨な歴史は消えることはありません。

中国への隷属は朝鮮人の心を蝕(ゆが)み、我々、日本人には考えられないような「精神の卑屈」を招きました。朝鮮の支配者層は中国に媚(こ)びへつらい、中国のために国を売るようなことを平気で行っていました。彼らは中国と癒着することで、様々な利権を保証されたのです。

一方、支配者層は民衆を奴隷化して酷使し、中国へ貢ぐための物品を徴収しました。民衆の生活レベルは極端に貧しく、悲惨でした。民衆を搾取することが朝鮮の政治の中心課題になっていました。

支配者層にも民衆にも、公益や公共の意識はありませんでした。支配者層が真面目に政治を行ったとしても、また、民衆が真面目に働いたとしても、結局、中国が奪っていくので、無意味でした。

朝鮮には、政治や社会がまともに機能したという歴史的前例がほとんどありません。戦後、北朝鮮や韓国が新たに誕生しましたが、政治や社会が機能しないという内実は変わりませんでした。

そのため、この両国には、国際社会が規範としている法や秩序などの一般常識が通用しないことが多くあります。北朝鮮の拉致・核問題の暴虐、韓国の執拗な反日政治、これらの異常さというのはいったい、どこから来るものなのでしょうか。本書はその答えを、朝鮮特有の「歴史的隷属」に見出（みいだ）します。

両国の政治や社会事象の一つ一つに「歴史的隷属」という共通の根源があり、その視点によって読み解いていけば、朝鮮（北朝鮮・韓国）が如何（いか）に我々の常識とかけ離れた存在であるかということを再認識することができます。

「朝鮮属国史〜中国が支配した2000年〜」

この悲惨な「歴史的隷属」について、我々、日本人は学校で教わらず、メディアでも報じられず、ほとんど知る機会がありません。目を覆いたくなる現実の悲惨さについて、多くの人が敢（あ）えて触れようとはしませんでした。我々は、隣人を「常識がない」と批判するだけでなく、なぜ、「常識がない」ようになったのかを知っておかなければなりません。

目次

第七章 中国への反逆とされたハングル制定

第八章 秀吉出兵、名ばかりの中国援軍

本書は２０１８年11月に発行した同名の新書版を
再編集したものです。

第一章　中国人に生み育てられた朝鮮

古代中国、古朝鮮〜高句麗・三韓時代

●なぜ、韓国人は手で口元を隠して飲むのか？

韓国では、乾杯をする時、目上の人よりもグラスを少し下げて合わせなければなりません。お酌をされたら両手で受け、飲む時は相手の視線を避け、横向きになって、左手で杯や口元を隠すようにして飲まなければなりません。これは、目上の人の前で、むやみに酒を飲むことを戒める意味があります。「本来ならば、飲ませて頂ける立場の者ではありませんが失礼致します」という暗黙のメッセージが左手で口元を隠すことに含まれているのです。

この飲み方はいわゆる「朝鮮飲み」と呼ばれます。ひと頃、議場や記者会見などで水を「朝鮮飲み」している政治家がいましたが、「あいつは日本人ではない」などとバッシングされました。一概には言えない部分もあるのですが、それにしても、日本人に、こういう飲み方をする習慣はありません。

朝鮮の歴史において、「目上の者に逆らってはならぬ」という儒教倫理が徹底されました。儒学の教えとともに、厳しい身分制が敷かれ、身分の上下が絶対視され、上記のような「朝鮮飲み」の儒教的習慣が現在の韓国人にも受け継がれています。その習慣は体に染み付いていて、簡単には離れないのです。

●中国と朝鮮の「奇妙な宗属関係」

中国は儒教を朝鮮人に教えました。儒教では、身分の上下関係だけでなく、国や民族の上下関係も守ることが重要だと説かれます。

朝鮮のような小国が中国という大国に事えることを「事大主義」と呼びます。また、朝鮮人のような周辺異民族（夷狄）は世界の中心（華）である中国人に対し、臣下の礼を尽くすべきとする儒教独特の考え方があり、これは「華夷の別」と呼ばれます。中国は儒教を用い、「事大主義」や「華夷の別」を朝鮮人に叩き込み、自らに服従させる精神文化を培養し、彼らを操ったのです。

上位の者や国に従うことは美徳であり、儒教的な教養の証しとされました。貧弱な朝鮮人が強い者にすがり付いていく哀れな媚態を儒教が「礼」という美名の下、巧みに覆い隠したのです。朝鮮は度々、中国の高慢な要求に屈服させられましたが、彼らはその屈辱を屈辱とせず、美徳であると自らに言い聞かせました。

明治時代に、陸奥宗光は、朝鮮が中国の属国でありながら、属国としての被害者意識がなく、中国や中国文化を崇めることを道徳的使命と感じているとして、「中国と朝鮮は奇妙な宗属関係にある」と指摘しています。

被害者意識どころか、むしろ優越意識さえ持っていました。朝鮮は中国に従属し、中国の文化を取り入れ、自分たちが他の民族と比べ、中華に一番近い存在であると自負していました。このような考え方を「小中華思想」と呼びます。

朝鮮は「小中華思想」により、特に、日本を野蛮な夷狄と見下していました。朝鮮は日本を儒教を理解しない国として、「獣の国」と表現したり、日本人を「倭賊」と呼んで侮蔑しました。

朝鮮は「小中華思想」を根底に持っていたため、日本が優越的な立場で自分たちを威圧することにプライドを傷付けられ、その度ごとに烈火の如く怒り、異常な反日思想を歴史的に形成してきたと言えます。それは、今日の韓国や北朝鮮も変わりません。

●朝鮮をつくったのは朝鮮人でない

史書に登場する朝鮮のはじまりは箕子朝鮮とされます。紀元前12世紀頃、中国人の箕子が建国し、都は王険城（現在の平壌）に置かれました。

『史記』や『漢書』には、箕子が中国の殷王朝の王族で、殷の滅亡後、殷の遺民を率いて、朝鮮に亡命したと記されています。箕子は中国の文化や技術を朝鮮に持ち込み、善政を敷き、朝鮮をよく統治したようです。

朝鮮半島西北部を中心に、紀元前11世紀頃のものと思われる中国様式の出土物が多く出ており、この時代に、中国からの大規模な移民があったことを示しています。こうしたことから、今日の学界では、箕子朝鮮が実在した可能性が高いと見られています。ただし、未だそれを裏付ける史跡が乏しく、実在が確定されているわけではありません。

中世以降、中国文化を崇める朝鮮王朝は箕子を聖人化し、朝鮮の始祖とすることで、中国と一体化し、中国を中心とする「中華文明」の一員になろうとしました。箕子陵などが盛んに建設され、箕子が各地に祀られました。

普通、中国人が朝鮮を支配したというようなことは、侵略と捉え、恥とするものですが、それを朝鮮の起源として誇るという朝鮮王朝の考え方そのものが、中国の奴隷に成り下がっていたこと表す証拠と言えます。

しかし、現在の韓国や北朝鮮は一転して、箕子朝鮮を中国側の「作り話」として否定しています。民族意識を高揚させなければならない政権にとって、中国人起源の箕子朝鮮は都合が悪いのです。それまで散々、箕子を持ち上げておきながら、実に虫のいい話です。

彼らは代わりに、檀君朝鮮が正式な朝鮮の起源であると主張しはじめました。檀君は天神の子であり、紀元前２３３３年、平壌城で朝鮮を建国したとされます。この話は『三国遺事』に記述されていますが、『三国遺事』は正史の『三国史記』（1145年完成）からこぼれ落ちた説話集です。

朝鮮人の始祖とされる檀君は民間で信仰されてきた伝説に過ぎませんが、韓国の学校の歴史教科書では、「歴史的事実」と教えられ、箕子朝鮮が「伝説」と教えられます。

●なぜ「朝鮮」と呼ばれるのか？

箕子朝鮮に続き、紀元前195年頃、衛氏朝鮮が建国されました。都は箕子朝鮮と同じく、王険城（現在の平壌）に置かれました。やはり、この衛氏もまた、中国人です。このように中国人の支配者が続くのは、朝鮮人に国を運営する能力やノウハウがなかったからだと言う他にありません。

衛氏朝鮮は燕の出身の武将の衛満によって建国されます。燕は、現在の北京を中心とする中国東北部の地域です。劉邦の前漢王朝の成立に伴い、彼らの勢力と対立していた燕の人々を、衛満が率いて朝鮮に亡命しました。

司馬遷の『史記』では、この衛氏朝鮮を指して「朝鮮」と記述されています。「朝鮮」とは朝陽の鮮やかなるところ、つまり東方の地域という意味があったのではないかと言われています。ヨーロッパ人は東方の中東地域を「オリエント（日が昇る方）」と呼びましたが、これとよく似ています。ただし、中国人が「朝鮮」と一方的に呼んだのであり、朝鮮人が自らの地域を当時、そう呼んだのではありません。

『史記』は紀元前1世紀初頭に書かれましたが、中国ではこの頃、「朝鮮」という呼び方が既にあったということを示しています（その他にも、意味解釈には諸説あり）。その呼び方がいつはじまったのか、一説によると紀元前4世紀頃とされることもありますが、はっきりとしたことはわかっていません。事実として言えるのは「朝鮮」という呼称は中国人が創ったものであるということです。

●中国支配を否定する韓国

衛満は鉄製の武器で武装し、その軍隊も優れた機能と統制を兼ね備えていたので、朝鮮人はほとんど対抗できませんでした。高度な文明を擁していた中国人にとって、朝鮮人を屈服させるのは難しいことではなかったでしょう。

箕子朝鮮の実在が未だ確定されていないのに対し、衛氏朝鮮の実在は確定されています。

そのため、現在の韓国は中国人起源の箕子朝鮮を否定しても、同じく中国人起源の衛

図１-１　前漢武帝時代の中国と朝鮮（BC２〜BC１世紀）

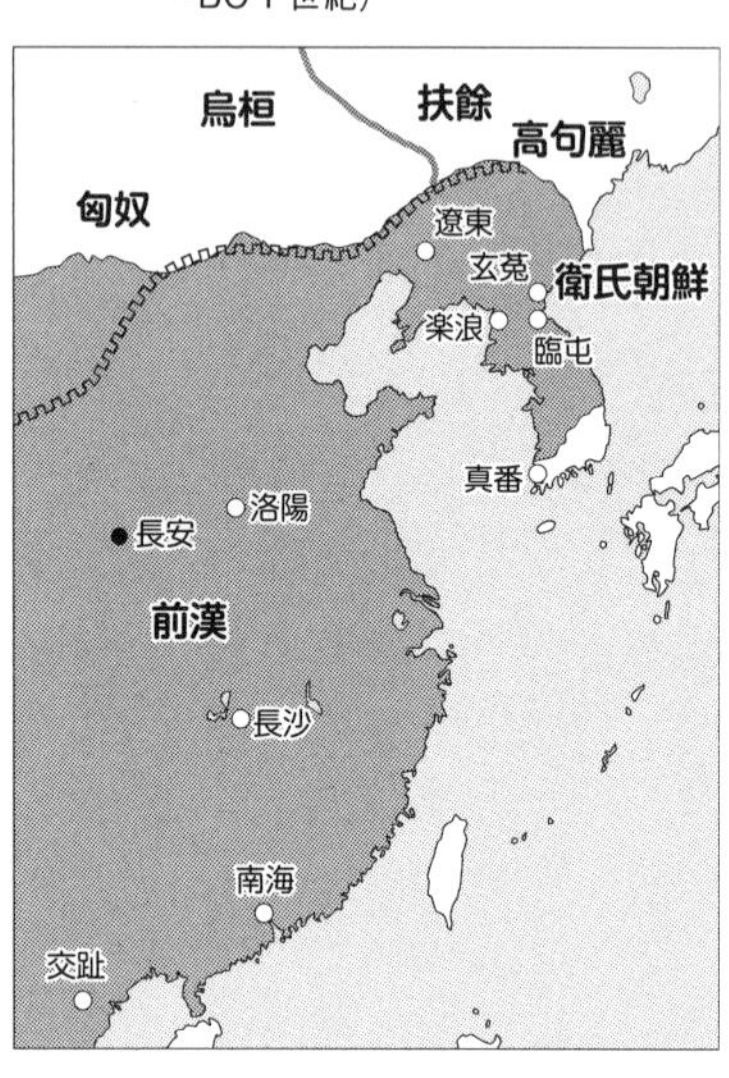

氏朝鮮を否定できず、中国人が古朝鮮を支配していたという実態を結局、覆い隠すことができません。

　それでも、かつては衛満が朝鮮人であるという無理矢理な理屈をでっち上げていました。衛満が朝鮮に入った時、髷を結い、朝鮮の服を着ていたことから、衛満を朝鮮人と推定でき、朝鮮人である衛満が中国の燕に滞在し、朝鮮に帰って来て国をつくったと説明されていました。韓国の学校でも、１９９０年代までそのように教えられていました。

　衛氏朝鮮は紀元前１０８年、前漢の武帝によって滅ぼされます。これにより、朝鮮半島の大部分が中国王朝の支配下に入ることになります。武帝は征服した地を４つに分け、楽浪郡などの漢四郡を設置し、朝鮮を中国の一部に組み込みます。これが中国王朝の朝鮮支配のはじまりとなります。

楽浪郡は平壌に置かれていたと見る説がほぼ確実視されていますが、漢四郡についての史書の記述が乏しく、具体的にどこを指すのか、その詳細ははっきりとわかっていません。

韓国の学者の一部は漢四郡は遼東（現在の中国遼寧省）に設置されたもので、朝鮮半島に設置されたものではないと主張しています。あくまで、中国の朝鮮支配を否定しようと画策しているのです。

●植民地にするほどの価値もなかった朝鮮

前漢王朝は漢四郡を置き、朝鮮を領土の一部に組み込みました。ただし、それが実質的な支配と言えるかどうかは疑問です。この時代、朝鮮は中国の辺境の果ての地で、人口も少なく、貧弱な生産力しかありませんでした。前漢がこのような荒涼とした地域を、敢えて予算を投じて、統治する必要などなかったでしょう。

前漢の武帝は北方のモンゴル人匈奴と戦っていました。北の辺境に、モンゴル人という強大な勢力が存在したことに付随して、各方面の辺境に、異民族の脅威が存在するかどうかという安全保障上の関心が大いにあったと思われます。

この関心の上に、楽浪郡などの漢四郡が置かれ、それらが統治機能というよりはむしろ、調査機能を働かせ、辺境の情勢を中央にもたらしていたと考えられます。当時の朝鮮は前漢にとって、植民地にするほどの価値もなかったというのが実情でしょう。後の中国王朝、唐・元・明・清が朝鮮を隷属させて、徹底的に搾取しますが、前漢時代の朝鮮は原始的で遅れており、搾取すべきものさえなかったのです。

その証拠に、武帝の死後早くも、紀元前82年に、真番郡と臨屯郡を廃し、紀元前75年に、玄菟郡を西に移し、朝鮮に楽浪郡だけを残します。つまり、朝鮮が統治するに足りる土地ではなかったということを示しています。

そもそも韓国の学者が必死になって、中国の朝鮮支配を否定するまでもない話であったと言えます。

●中国によって与えられた文明

中国にとって何の価値もなくても、朝鮮にとって中国との接触は大きな意味がありました。中国の優れた文明が本格的に朝鮮に流入したのは前漢武帝の時代で、特に製鉄技術の流入により、鉄製農工器具を用いるようになり、農業生産が飛躍的に向上しました。

図1－2　３世紀の中国と朝鮮

中国から養蚕技術も伝わり、商工業品の流通が次第に社会全体の富を蓄積していき、文明を発展させていきます。

生産力の増大とともに、人口が増大し、無数の部族社会が互いに結合・連合し、小国家を形成していきました。朝鮮南部では、１世紀頃から馬韓、辰韓、弁韓の小国家郡が現れます。この３つの地域を総称して、「三韓」と呼ばれます。「韓」には「王」の意味があると解釈されています。朝鮮北部では、満州人が高句麗を建国します。

３世紀になると、『三国志』でもお馴染みの遼東太守の公孫氏が朝鮮に帯方郡を新たに設置し、朝鮮部族の首長たちと交易を行います。また、三国志時代の戦乱を避けるため、多くの中国人が遼東を経由して、朝鮮へ亡命したと考えられます。公孫氏や中国人移民が中国と朝鮮を繋ぐ、重要な役割を果たし、中国文明の流入は三国志時代に更に加速します。

その後、高句麗は度々、中国の魏王朝の侵攻を受けながらも服属せず、4世紀末に、有名な好太王（広開土王）が出て、同時期の中国の混乱の隙を突いて、勢力を拡大させていきます。

朝鮮の南部では馬韓は百済に、弁韓は任那に、辰韓は新羅に、それぞれ王国として統一され、発展していきます。

第二章　「高句麗論争」、朝鮮半島は誰のものか？

唐〜宋、高句麗〜高麗

●「血の分断」、民族対立を利用する中国

朝鮮半島には、目に見えない分断が元々、ありました。「血の分断」です。古代において、異なる血統の2つの民族が半島に住んでいました。北に住んでいたのが満州人、南に住んでいたのが韓人(かんじん)です。

ソウルの南側を東西に流れる大河、漢江(ハンガン)があります。大まかに言うと漢江を境にして、北側が満州人のエリア、南側が韓人のエリアでした。長い歴史の中で、この両者が混血し、朝鮮人となり、今日に至ります。

韓人は朝鮮半島の南部から中部にいた農耕民族で、半島の中心的な先住民です。しかし、「韓人」という明確な民俗学上のカテゴリーがあるわけではなく、三韓の地に住んでいた人々という意味で慣習的に用いられます。満州人は朝鮮半島の北部にいた狩猟民族で、中国東北地方の満州を原住地とします。満州人のエリアには高句麗、韓人のエリアには新羅、任那、百済が建国されました。

古代において、満州人と韓人は南北で争っていました。この「血の分断」を中国の王朝は最大限利用し、朝鮮半島を巧みに支配しました。

韓人というのは現在の韓国人の元となった民族です。では、満州人はいったいどういう人たちなのでしょうか。満州人は現在の中国領に属する満州を原住地とする人

で、満州平野を中心に、遼東や朝鮮半島北部に分布していました。そのため、満州人は朝鮮人ではなく、中国人ではないのかと多くの人が疑問を持つと思います。17世紀に中国最大の王朝の清を築くのも、この満州人です。

満州人は中国から朝鮮半島に至るまで広範に分布しており、韓人よりも人口が多く、強大な勢力を誇っていました。

図2－1　朝鮮の二つの民族の分布

●満州人の野蛮な暮らし

満州人はツングース系民族であり、広義の意味でモンゴル人に含まれます。一説で、ツングースとは「豚を飼育する人」という意味を持つと言われます。韓国で、焼き肉屋さんへ行くと、サムギョプサルなどの豚肉が牛肉よりも主流なのはツングース系民族の豚肉食文化の伝統を引き継いでいるからでしょう。

満州人は元々、自らを「ジュルチン」と名乗っていました。ジュルチンとは満州語で、「人々」や「民」を意味する言葉とされます。中国人（漢人）が満州人に「お前たちは何者だ？」と問うたところ、「人々だ（ジュルチン）」と答えたことから、「では、お前たちを女真（ジュルチン）と名付けよう」と言い、10世紀頃、満州人は中国で「女真」と呼ばれるようになりました。女真はジュルチンの漢字の当て字です。

満州人は「文殊（マンジュ）菩薩」を崇拝していたことから、「マンジュ」に満州の漢字が当てられたとする俗説がありますが、はっきりとしたことはわかっていません。

満州人は水に縁起を感じていたため、水を表す「さんずい」を付けて、「満洲」と名乗っていました。「満洲」は元々、民族名でしたが地名にも使われるようになり、「さんずい」のない「満州」が特に地名として一般的に表記されるようになります。

『後漢書』では、満州人が極めて臭くて不潔（「臭穢不潔」）と記されています。満州人は尿で手や顔を洗い、家ではなく穴の中に住んでいました。豚の毛皮を着て、冬には豚の膏（あぶら）を体に厚く塗って、寒さをしのいでいたようです。また、毒矢をよく使用しました。満州人は元々、恐ろしく野蛮な暮らしをしていたのです。

●「高句麗論争」、中国と韓国のどちらが正しいのか？

満州人が最初に建国した王国が高句麗です。紀元前1世紀に、朝鮮半島北部に建国され、4世紀末から5世紀に最大版図に達し、満州人の分布エリア全体を国土としました。

高句麗の第19代の王、広開土王（好太王）はこの時代の王で、朝鮮半島南部に遠征し、百済を攻めました。百済と同盟を結んでいた日本（大和朝廷）は軍を朝鮮に派遣し、広開土王と戦います。この戦いについては、有名な「広開土王碑文」に記されています。

今日、中国と韓国はこの高句麗の扱いを巡って激しく対立しています。高句麗は中国の歴史に属するのか、朝鮮の歴史に属するのかを論争しているのです。

満州は中国に属し、そこに暮らす「原満州人」たちも中国に属します。また、高句麗の国土の三分の二が現在の中国領です。このような観点から、中国は「高句麗は中国に属する」と主張しています。中国は朝鮮半島への支配を強化する正統性を歴史的な背景から得ようと企んでいます。

これに対し、韓国は猛反発し、２０００年代、中国・韓国の外交問題にまで発展しました。高句麗を巡る両国の争いは「高句麗論争」と呼ばれます。

●高句麗だけにとどまらず百済も「中国人の王国」か？

日本としては、高句麗は朝鮮の歴史に属することを暗黙の了解にしています。その証拠に、日本の学校では、高句麗の歴史は朝鮮の歴史というカテゴリーで習います し、教科書でも朝鮮史として記述されています。そのため、我々は「高句麗が百済や新羅と同じ朝鮮の王国」というイメージを強く持っています。

しかし、中国が主張するように、民族の系譜で見てみれば、高句麗は必ずしも、朝鮮史に属するとは言えません。

また、中国は百済も中国史に属するという主張をしています。7世紀の中国の史書『周書（北周書）』や『隋書』では、百済の王族が満州人の一派の夫余（扶余）族出身で、高句麗王族から派生したと記されています。このことから、中国は「百済は中国人の王国」と主張しています。

百済の民の中には、中国の山東半島から移民してきた漢人もいましたが、そのほとんどは韓人であったと考えられます。高句麗が王族も民も満州人だったのに対し、百済は王族の始祖だけが満州人でした。その後の王は現地の韓人と混血し、同化していきます。「百済は中国人の王国」という中国の主張は言い過ぎでしょう。

図2−2　朝鮮の統一王朝と民族

	時期	支配層	首都	中国
新羅	7〜10世紀	韓人 （統一者：文武王）	慶州	唐時代
高麗	10〜14世紀	満州人 （建国者：王建）	開城	宋・元時代
李氏朝鮮	14〜20世紀	満州人 （建国者：李成桂）	漢城	明・清時代

●韓人が勝利した新羅王朝

中国の唐王朝は660年、新羅と同盟を結び、百済を滅ぼします。663年に、唐と新羅の連合軍は、百済の遺民と百済の同盟国であった日本を、白村江の戦いで破ります。その後、唐は高句麗に派兵し、668年、平壌を占領して高句麗を滅ぼしました。唐は平壌に安東都護府を置いて、統治します。

新羅は唐の高句麗征服を支援し、満州人勢力に打撃を与えることに成功しました。その後、新羅は勢力を伸ばし、朝鮮を統一します。韓人のつくった新羅王朝が朝鮮の統一国家のはじまりでした。この時代に至るまで、韓人と満州人は対立してきましたが、まずは韓人が勝利しました。

ただし、新羅は唐の属国の立場でした。属国になることによって、手に入れた勝利に過ぎないという点には留意が必要です（第四章詳述）。

朝鮮の統一王朝は図2−2のように、新羅以下、3つ続きます。

●「渤海論争」、韓国の主張は通らない

一方、高句麗が唐に滅ぼされた後、満州人は渤海を６９８年、建国します。建国者は大祚栄（テジョヨン）という人物で、満州人の一派であるツングース系靺鞨（まっかつ）族の出身で、『旧唐書（くとうじょ）』によると、自らを「高句麗の遺民」と称していました。靺鞨族とは女真の古い呼び名であり、女真を構成する満州人の一部族です。

前段で、「高句麗論争」について述べました。この論争の延長線上に「渤海論争」というものもあります。韓国は建国者の大祚栄が「高句麗の遺民」である限り、渤海は朝鮮の歴史に属すると主張し、中国と対立しています。

２００６年、韓国のＫＢＳテレビ（日本のＮＨＫのような公営放送）は全１３４話にも及ぶ歴史ドラマ『大祚栄（テジョヨン）』を製作・放映し、渤海が民族独自の歴史国家であることを国民に教化しようとしました。

しかし、渤海は中国の歴史に属するという捉え方が一般的です。日本の高等学校の世界史の授業でも、渤海は中国の唐王朝の節の中で扱われます。

渤海は国ではなく、唐の領土の一部と見るべきです。大祚栄が渤海を建国した当初、唐と対立し戦いましたが、その後、唐に恭順し、大祚栄は７１３年、唐により「渤海郡王」に封じられます。渤海は唐の「郡」とされ、大祚栄はその「郡」の王と

なったのです。少々、難しい言い方をすると、大祚栄は唐の羈縻（きび）政策により、自治権を与えられた現地首長という立場でした。また、大祚栄は子を人質として唐に差し出していました。渤海の「郡」としての扱いは唐の滅亡まで続きます。

大祚栄が「高句麗の遺民」であったとしても、彼が自ら、中国の一部になることを最終的に選択したという事実から見れば、渤海は中国の歴史に属すると言えます。

渤海は日本（平安時代）にも度々、使節を遣わせたことでも知られています。

図2-3　渤海とその勢力範囲（8世紀）

●満州人の王朝、高麗

9世紀末、唐の衰退とともに、韓人が建国した新羅も衰退します。そして、満州人の勢力が再び大きくなります。10世紀、開城（ケソン）（現在の北朝鮮南部）に本拠を置く満州人豪族の首長、王建（ワンゴン）が新羅末期の反乱軍の中から頭角を現します。王建は高麗を建国して、新羅を滅ぼし、93

6年、朝鮮を統一しました。

この高麗が英語のＫｏｒｅａ（コリア＝韓国）の語源となります。高句麗も高麗も同じもので、「句」の字を入れる「高句麗」という言い方が古い表現であるため、古代の高麗を「高句麗」と表記し、中世の高麗を「高麗」と表記して、一般的に使い分けています。王建は高句麗の後継者を自任し、国号にもこれを使ったのです。

高麗は王建をはじめ、満州人を支配層とする朝鮮の統一王朝です。王建ら一族は中国との海上貿易で富を得た商業豪族でした。そのため、王建は漢人系の血も引いています。王建は富を背景に、北方の満州人軍閥を取り込み、強大な軍隊を養成しました。王建の下、満州人たちは結束し、韓人を屈服させて、朝鮮半島を支配します。

元々、力の強弱で言えば、韓人よりも満州人の方が圧倒的に強かったのですが、新羅時代は、韓人が満州人に対し、優勢でした。それは中国の唐王朝が新羅を支援したからです。しかし、唐が弱体化すると、一気に満州人が攻勢を強めたのです。

●なぜ、韓国で全羅道出身者が冷遇されるのか？

韓国では、南西部の全羅道（チョルラド）の出身者は政財界で少なからず、冷遇され、出世しにくいという傾向があります。韓国の大統領で全羅道出身者は金大中（キムデジュン）のみです。

全羅道が冷遇される元々の理由は10世紀の高麗時代に遡ります。王建によって、高麗が建国されて以降、朝鮮半島では、満州人と韓人の混血がかなり進みます。しかし、一方で、支配者層の満州人による韓人への差別冷遇も続きました。

王建が朝鮮を統一する前、後三国時代（892～936年）と呼ばれる戦乱の時代が続きました。王建率いる高麗（満州人勢力）に対し、新羅（韓人勢力）と後百済（韓人勢力）が対立していました。新羅はいち早く、王建に降伏しますが、後百済は最後まで抵抗しました。後百済は今日の全羅道の全州市や光州市に拠点を持つ王国でした。後百済は強勢を誇り、一時、王建を追い詰めましたが、最終的に王建が後百済を倒し、朝鮮を統一します。

この時、敵国の後百済の人々は高麗によって、奴隷民に貶(おとし)められ、全羅道は搾取の対象となったのです。同じ韓人の王国でも、新羅は前王朝を形成した国家であり、王都慶州を中心に先進的な地域でもあったため、高麗も新羅の人々には敬意を払いました。しかし、後百済の人々に対しては容赦しませんでした。王建は後代の王が守るべき訓戒を残していますが、その中の第8条に次のような一節があります。

車峴以南、公州江外、山形地勢、并趨背逆、人心亦然

車嶺（チャリョン）山脈以南、公州（コンジュ）の錦江（クムガン）の外（南側）の地形は反逆の様相を呈しており、人心もまた然り。

彼下州郡人参与朝廷、与王侯、国戚婚姻、得秉国政、則或変乱国家、或啣統合之怨、犯蹕生乱

彼の地域の人々を朝廷に参画させたり、王侯・貴族と婚姻させたりすれば、国政を乗っ取られ、国に混乱を生じさせ、怨みを合わせ、必ずや反乱に及ぶ。

王建『訓要十条（くんようじゅうじょう）』より

車嶺山脈以南は湖南地域、百済の故地を指します。王建は、旧百済出身者は反逆者たちであるから、登用してはいけないと言っています。

旧百済の全羅道の地域は搾取され続け、政権への大きな恨みが蓄積します。韓人と満州人という民族の違いも、その恨みに輪をかけました。時に恨みが爆発し、反乱を起こすこともしばしばありましたが、徹底的に弾圧されました。弾圧された人々は更に隷従を強いられるという負の連鎖にはまっていきます。

　こうした負の連鎖が高麗時代のみならず、次の李氏朝鮮時代にも続きます。長い歴史の中で差別の構造が定着化し、今日に至っても、それは完全に解消されることな

く、残っているのです。

反体制的な性格の強い全羅道の光州市は1980年、民主化を求め、大規模な暴動を起こしています。軍がこれを鎮圧し、多くの死傷者を出しました（光州事件）。

●朝鮮王朝の首都、その地政学的意味

高麗は13世紀にモンゴルの元王朝の侵入を受け、降伏し元の属国となります。朝鮮はこれ以降、中国の属国の地位から脱け出すことができませんでした（第五章詳述）。

1368年、中国で明王朝が成立すると、高麗は明と対立します。しかし、高麗の武将の李成桂は明と戦わず、1392年、クーデターを起こし、李氏朝鮮を創始します。李氏朝鮮は明に臣従します（第六章詳述）。李成桂も満州人軍閥の頭目でした。高麗の後も、満州人政権が続いたのです。

李氏朝鮮の都は漢城（ソウルのこと）に置かれます。4世紀、百済が建国された時、最初に首都とされたのも、漢城でした。しかし、この時の首都拠点は漢江南岸でした。ソウルから南東に25キロ離れた南漢山城がこれに当たるのではないかと考えられています。

百済は韓人の国です。そのため、漢江を越えて、北に首都を置くことはできません

図2－4　朝鮮の首都

でした。地政学上、漢江を防衛線として、百済は満州人と対峙していました。百済は5世紀に高句麗の侵攻を受け、熊津（忠清南道公州市）に遷都、さらに、6世紀に泗沘（忠清南道扶餘郡）へ遷都しています。

　一方、満州人政権である李氏朝鮮はその逆で、漢江の北に拠点を置きます。現在の首都ソウルの中心が漢江北岸にあるのはそのためです。因みに、同じ満州人王朝の高麗は首都をソウルの北の開城に置いています。

　ただし、李氏朝鮮の時代に至ると、満州人と韓人の混血が朝鮮半島全域で進み、両者の区別はほとんど意識されなくなっていました。満州人と韓人が一体化し、いわゆる朝鮮人となっていたのです。

第三章　民族のルーツ、朝鮮人はなぜ、「濊（わい）」と呼ばれたのか？

古代中国、古朝鮮～高句麗・三韓時代

●「穢れ」を意味する呼び名

古代中国では、満州人などのツングース系民族は「濊(わい)」、「貊(はく)」、「粛慎(しゅくしん)」と呼ばれていました。「貊」は日本語で「えびす」と訓読みし、蛮族を指します。粛慎は濊や貊よりも北西部にいたツングース系民族です。彼らは「シュシェン」人と自称しており、その音に「粛慎」という漢字で当てたのです。

問題は「濊」の字です。濊は『漢書』武帝紀では「薉」、『漢書』食貨志では「穢」と表記され、『三国志』や『後漢書』では「濊」と表記されています。いずれも「穢(けが)れ」を意味していると考えられています。

酷い呼び名ですが、漢民族は周辺の異民族に対して、このような悪い意味の名を付けることがよくありました。例えば、匈奴(きょうど)の「匈」は「悪く乱れている」ということを意味する言葉であるので、「匈奴」は「悪い奴ら」というニュアンスになります。周の時代には、モンゴル系の犬戎(けんじゅう)が中国に侵入しましたが、「犬戎」とは「犬のような蛮族(戎)」というニュアンスです。

それにしても、「濊」という名の酷さは際立っています。どうして、こういう名を付けられたのか詳しいことはわかっていませんが、前章でも述べたように、『後漢書』で、ツングース系民族が極めて臭くて不潔(「臭穢不潔」)であったと記されています。

尿で手や顔を洗い、家ではなく穴の中に住んでいたとされる「臭穢不潔」な彼らを「濊」と呼ぶことは漢民族にとって、自然なことだったと推測されます。

「濊」は「水が溢れている様」、「穢」は「雑草が生い茂って荒れている様」を表すもので、必ずしも「穢れ」を意味するものではないとする見方もありますが、史書に「臭穢不潔」と記されていることからもわかるように、やはり「穢れ」を意味していると考えるのが自然です。

図3-1　ツングース系民族と東アジア（2世紀）

●強勢を誇ったツングース系民族

濊や貊は2世紀に、濊貊、沃沮、扶余、高句麗の4部族に分かれます（この他、高夷、東濊などの小部族もあり）。

これらの4部族のうち、濊や貊、沃沮は後漢王朝に圧迫され、朝鮮半島方面へと南進します。濊や貊は現在の北朝鮮と韓国にまたがる江原道に分布し、沃沮は北朝鮮の咸鏡道に分布していました。朝鮮半島よりも北側に、扶余、高句麗が分布していました。濊貊、沃沮、高句麗の間で争いが続き、濊貊、沃沮は高句麗に敗退し、最終的に後漢王朝に従属し、消滅していきます。濊貊、沃沮、扶余、高句麗の4部族のうち、残ったのは扶余と高句麗の2部族です。この2部族については後段、詳述します。

彼らよりも北西部にいたツングース系民族の動きも併せて見ておきます。この地域は外満州とも呼ばれ、今日のロシアの沿海州、都市で言うとウラジオストクからハバロフスクにかけての地域一帯です。元々、この地域にいたツングース系民族が粛慎で、紀元前6世紀、孔子も彼らの使っていた弓矢について述べています。

粛慎はその後、挹婁（1世紀から4世紀）、勿吉（4世紀から6世紀末）、靺鞨（6世紀末から7世紀末）と変化していきます。彼らは今日のロシア領に居住するツングース系民族の大半に相当します。

「挹婁」の呼称は弓矢の鏃を指す「ヨウロ」を音写したものと考えられています。「勿吉」の呼称は何の音写かわかっていません。「靺鞨」の呼称は「勿吉（もつきつ）」の音写と考えられています。

靺鞨は主に、南の粟末部と北の黒水部の2つの部族に大別することができ、粟末部

図3-2　ツングース系民族の推移

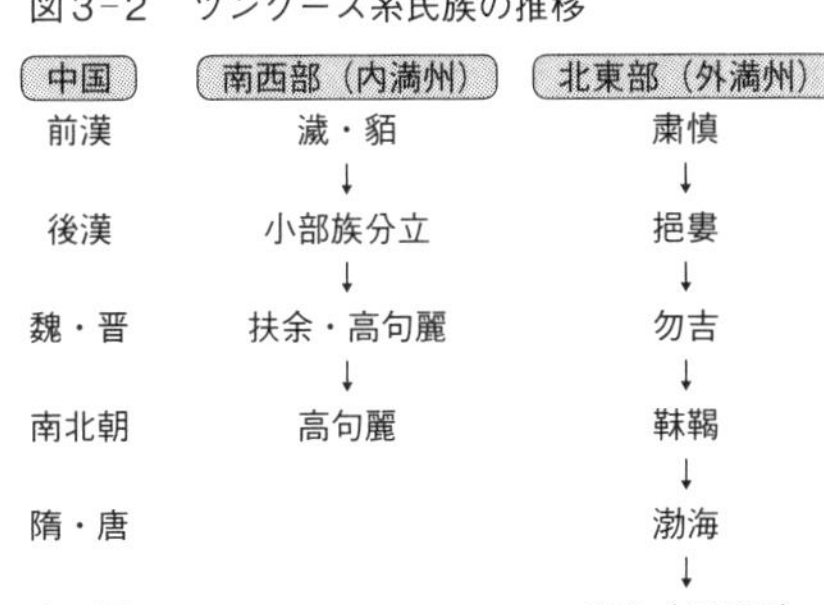

は後に高句麗遺民と共に、満州の統一国家である渤海を建国します。北の黒水部は女真族の元祖であり、彼らが金王朝や清王朝を建国します。

●朝鮮半島を支配した扶余族

南西部（内満州）のツングース系民族の動きを前段に引き続いて見ていきます。小部族が分立していた時代を経て、扶余と高句麗が残りました。高句麗は4世紀末から5世紀に強大化し、満州から朝鮮半島北部にかけて広大な版図を形成しました。高句麗の第19代の王・広開土王（好太王）はこの時代の王です。

朝鮮の歴史書『三国史記』によると、扶余の王族朱蒙（チュモン）が紀元前37年に高句麗を建国したとされますが、史実かどうかはわかっていません。いずれにしても、高句麗は扶余族から派生した勢力であると捉える説が有力です。高句麗の北部に分布していた扶余は4世紀初めには、高句麗に支配されます。扶余族から派生した高句麗が逆に扶余族をのみ込む形となったのです。

扶余族は南方に逃れ、朝鮮半島南西部に百済を建国します。7世紀の中国の史書『周書（北周書）』や『隋書』では、百済の王族が扶余族出身で、高句麗王族とも血縁関係にあったことが記されています。

一方、高句麗の北方にいた扶余族の本体は一時期、高句麗に服属していましたが、494年に北東部の同じツングース系の勿吉に滅ぼされます。さらに、勿吉は6世紀半ばに高句麗に滅ぼされます。

高句麗や百済の歴史からもわかるように、古代朝鮮半島はツングース系の扶余族によって支配されていました。さらに、扶余族は濊や貊から派生した部族であり、これが朝鮮人のルーツであると言うことができます。

朝鮮人のルーツを北方ツングース系のエヴェンキ族とする見解がありますが、これは一つの可能性であって、確実であるかどうかはわかりません。エヴェンキ族の顔立ちなどの容姿、また、トーテムポールを建立し、祈祷する風習などが朝鮮人に似ているとされます。

元々、エヴェンキ族は外満州からシベリアにかけて居住していましたが、13世紀頃に南下し、朝鮮半島にもやって来たとされます。エヴェンキ族が女真族と混血し、女真族によって、血統や風習が朝鮮にもたらされた可能性も考えられます。そもそも、エヴェンキ族と女真族を区別することができないかもしれません。エヴェンキ族は靺鞨族の末裔であり、両者は靺鞨族という同一の祖先を持つからです。

●「騎馬民族征服王朝説」

勢いのあった扶余族が朝鮮半島のみならず、さらに南進し、日本にも到来して、彼らが大和朝廷を樹立したという仮説もあります。これは「騎馬民族征服王朝説」と呼ばれるもので、東京大学名誉教授の江上波夫氏により、1948年に提唱され、広く信じられたことがありましたが、今日、根拠がないとして否定されています。

韓国の学者で、この説に便乗する者もいます。韓国・東洋大学校の金雲会（キムウンフェ）教授は扶余の王が南方へ移動して百済王になり、さらにその子孫で百済王の近肖古王（クンチョゴワン）が日本に渡って応神天皇になったと主張していますが、前段の扶余王が百済をつくったというのは良いとしても、その子孫の百済王が応神（おうじん）天皇になったというのは荒唐無稽で根拠はありません。

百済建国には、いくつかの説があります。朝鮮の歴史書『三国史記』では、高句麗の始祖の朱蒙と扶余の王族の娘との間に生まれた子が百済を建国したことになっています。初め10人の家臣と共に建国したため、国号を「十済」としましたが、百姓たちも建国に協力したので、「百済」となったとされます。

中国の史書『隋書』の「百済伝」には、もう少し現実的なことが記録されています。扶余王の尉仇台（ウィグデ）が高句麗に国を滅ぼされて、百家とともに海を渡った（済海）ので、国号を「百済」としたと記されています。

●女真族がツングース系民族を統一した

ツングース系民族は元々、満州や朝鮮半島北部、サハリン、シベリアに至るまでの広範囲の地域に居住しており、これらの地域は現在のロシアから中国、北朝鮮の領域に及んでいます。しかし、ツングース系言語の話者は今日ではほとんど残っておらず、ロシアに約6万人、中国に約5万人しかいません。

ツングース系民族はその言語グループにより、主に12の部族に分けることができます。ロシアには、エヴェンキ族、エヴェン族、ネギダル族、オロチ族、ウデヘ族、ナーナイ族、オルチャ族、ウイルタ族が8つの部族があり、中国には、ソロン族、ヘジェン族、シベ族、満州族の4つの部族があります。

図3－3　靺鞨族

北の黒水部

→女真族の元祖であり、彼らが金王朝や清王朝を建国

南の粟末部

→後に高句麗遺民と共に、満州の統一国家である渤海を建国

ロシア・グループが図3－2（43ページ）で示した北東部（外満州）にいたツングース系民族の子孫で、中国・グループが南西部（内満州）にいたツングース系民族の子孫です。

この12の部族のうちの満州族がいわゆる狭義の意味での満州人のことで、満州の中心部を居住地とし、古来、中国とも最も緊密な関係を持っていました。一方、広義の意味で、「満州人」はツングース系民族全体を指します。一般的には、「満州人」は広義の意味で使われることが多く、「ツングース系民族」と「満州人」はほぼ同義です。

前述のように、外満州の靺鞨は10世紀頃、北の黒水部の女真族が強大化し、彼らが後に中国で金王朝や清王朝を建国し、朝鮮半島では、高麗や李氏朝鮮の支配者層をも構成していきます。この女真族こそが満州族、つまり狭義の意味での満州人のことです。

満州族（女真族）は遡れば、かつての靺鞨族であり、さらに遡れば、勿吉（4世紀から6世紀末）、挹婁（1世紀から4世紀）、最終的には粛慎に行き着きます。

女真族が17世紀に清王朝を樹立した頃、満州のツングース系民族の大半が女真族により、統合されました。しかし、19世紀になると、ロシアが極東に進出してウラジオストクを建設し、沿海州を支配し、北部のツングース系民族はロシア領域に取り込まれ、南部の中国領域のグループと分断され、今日に至ります。

●韓国が主張する女真族朝鮮起源説

10世紀頃、靺鞨族の黒水部の部族に、「女真」という漢字が中国から当てられます。前章でも述べたように、「女真」とは満州語の「ジュルチン」のことで、「人々」や「民」を意味する言葉とされます。

しかし、後の時代、後金王朝のホンタイジは「女真」の民族名を嫌いました。これは漢民族から与えられたもので、自分たちで付けた民族名ではなかったからです。ホンタイジは1635年、民族名を「満洲」に改めさせ、また、女真族王朝の金の後継者という意味をも含む「後金」の国号も改めさせ、翌1636年、中国風の「清」と新たに名付けました。

11世紀頃、黒水靺鞨の女真族は強大化していき、完顔阿骨打（ワンヤンアグダ）という女真族の族長が1115年に金を建国します。金は内満州や外満州のツングース系民族の大半を統一し、モンゴル系の遼を滅ぼします。さらに、北宋を滅ぼし、華北（中国の北半分）を征服するに至ります。金王朝は中国を支配した最初のツングース系民族の王朝でした。

この金王朝の建国者の出自について、韓国の学者たちが独自の説を打ち立てています。10世紀半ばに、完顔函普（かんぷ）という女真族の族長がいました。この人物は金を建国した完顔阿骨打の１５０年前の祖先に当たります。

『金史』には、「金の始祖である函普は高麗に由来する」という記述があります。高麗は10世紀に、王建（ワンゴン）が建国した朝鮮王朝で、新羅に続く2番目の統一王朝です。

韓国の学者たちは、この高麗の出身である完顔函普は朝鮮民族であり、その子孫の完顔阿骨打がつくった金王朝は朝鮮民族が建国した国家であると主張しているのです。高麗の出身というだけで、なぜ、完顔函普が朝鮮民族になるのか、その根拠は明らかではありません。完顔氏ら女真族は朝鮮人と密接に関係し、混血していますが、朝鮮民族という範疇には入りません。

韓国の学者たちは、朝鮮民族の完顔函普の血を引く完顔阿骨打が中国に進出し、漢民族を蹴散らし、中国を征服したという民族の躍動史をよく認識すべきだと言います。また、完顔函普は新羅の王族だったという根拠不明な主張をする学者もいます。

さらには、金王朝の後継である清王朝も同様に、朝鮮民族が建国した国家であるので、朝鮮民族が17世紀以降、中国全土を支配したことになるというのです。先述の金（キム）雲会（ウンフェ）教授は清の皇族姓の愛新覚羅について、「新羅を愛し、記憶する」という意味が込められていると主張しています。

「愛新覚羅」は「アイシンギョロ」と読みますが、「アイシン」は「金」を意味します。「金」は満州語で「アンチュン」と発音します。「ギョロ」は黒竜江省にある女真族の祖先の土地の名です。かつての国名と土地の名を組み合わせて、「アイシンギョロ」としたものに「愛新覚羅」という漢字を当てたに過ぎません。「新羅を愛し、記憶する」という意味などありません。

●金や清が朝鮮王朝であるという韓国の主張

しかし、問題はなぜ、『金史』に金王朝建国者の始祖が高麗に由来するということが書かれているのかということです。『金史』に記されている「高麗」は中世の高麗を指すものではなく、古代の高句麗を指していると考えられます。6世紀の南北朝時代から隋唐時代の中国史料で、高句麗は「高句麗」とは表記されなくなり、「高麗」と表記されるようになります。『金史』の「高麗」も高句麗のことだと考えられるのです。また、『金史』の中では、完顔函普に言及したところ以外にも、「高麗」と記されている箇所が随所に見られますが、これらは高麗ではなく、高句麗を明らかに指しています。

満州族にとって、高句麗は満州全域から朝鮮半島北部につくられた栄光の古代国家と記憶されており、始祖が高句麗の出身であると粉飾することで、彼らの正統性を高めようとする狙いがあったと推察されます。

しかし、それでも、完顔函普が高句麗に関係していたというようなことは信頼に値しません。女真族は靺鞨族の後裔です。靺鞨族は外満州にいた粛慎を始祖とします。一方、高句麗は扶余族がつくった王朝で、扶余族は内満州にいた濊貊を始祖としますす。両者は同じツングース系民族ですが、系譜が異なります。

完顔函普が高句麗に由来する一族ならば、女真族は濊貊の子孫ということになってしまい、歴史の事実とは一致しません。『金史』に記されている一文をもって、韓国の学者たちが主張する「女真族の起源は朝鮮人だった」、「金王朝や清王朝は朝鮮民族が建てた国家であり、朝鮮史の一部である」という理屈は通らないのです。

●朝鮮人と中国人の民族的近似

また、清王朝の草創期において、朝鮮は女真族を「オランケ」（朝鮮語の「野蛮人」

という意味の蔑称）と呼びました。朝鮮は「小中華思想」を振りかざし、女真族のような蛮族が漢民族に楯突くのは道理に反していると怒り、女真族と戦うことを宣言します。

しかし、朝鮮は口先だけで、いざとなると全く行動が伴わず、まともな抵抗もできず、二度にわたり（丁卯胡乱と丙子胡乱）、女真族に討伐されています。野蛮人排撃の大合唱の下、清に宣戦布告したものの、最終的に朝鮮王は「三跪九叩頭の礼」と呼ばれる臣下の礼をとってひれ伏し、清のホンタイジに許しを請うているのです。

こうした歴史的経緯がありながら、どうして、「清王朝は朝鮮民族の王朝」などと言えるのか、理解に苦しみます。

しかし、韓国の学者たちは扶余、高句麗、渤海、金、清などの満州の歴史は中国の歴史ではなく、朝鮮の歴史であると主張し、中国の歴史学者に激しく反発しています。韓国の学者たちは渤海と統一新羅をワンセットにして、朝鮮民族史の「古南北国時代」とし、金王朝と高麗をワンセットにして、「新南北国時代」としています。

中国と韓国の歴史戦は単なる歴史戦にとどまらず、外交や領土安全保障の問題に繋がっています。しかし、残念なことに、韓国側の主張はいつも稚拙なこじつけに終始しており、中国の主張にまともに対抗するには至っていません。中国の出鼻を挫くためにも、もう少し頑張ってほしいところです。

しかし、朝鮮人は女真族と深い関わりを持ち、混血を繰り返し、民族的に同化していったのは事実です。遺伝子の解析により、朝鮮人はツングース系民族と遺伝子上、近似関係にあることが証明されていますが、この結果は実際の歴史の推移と一致します。

また、中国人もツングース系民族との遺伝子的近似性が証明されており、この結果もやはり、清王朝のような女真族王朝が２５０年以上も中国を支配し、混血同化が進んだという歴史の推移に一致するものです。朝鮮人と中国人はツングース系民族を介して、近似した民族となったのです。

第四章　なぜ、朝鮮は中国従属の道を歩んだのか?

隋～唐、三国時代～新羅

●キムチがつくられた背景

キムチは貧しい民衆の食べ物です。高句麗、百済、新羅の三国の中で最も貧しかった新羅で食べられました。4世紀頃の新羅では、キムチは既に確立された食文化でした。

ただ、この頃のキムチは「水キムチ」で、唐辛子の入ったキムチではありません。唐辛子はアメリカ新大陸原産で、大航海時代の16世紀、朝鮮に伝わります。唐辛子をキムチに混ぜ合わせる製法は17世紀の李氏朝鮮時代に普及しました。キムチという言葉は「野菜の塩漬け」を意味する「沈菜（チムチェ）」に由来しています。

朝鮮半島南東部の新羅は、ほとんど平野がなく、岩盤地質の山岳に覆われ、起伏の激しい狭隘（きょうあい）な地形が特徴的です。そのため、水田耕作の可能な土地が少なく、穀物の収穫は僅かで、米を食することができたのは貴族のみでした。

そこで、民衆はキムチなどの菜食文化を育みました。キムチと言えば、白菜ですが、新羅で食されていたキムチは白菜ではなく、痩せた土地で簡易に栽培できる野草・山菜の水キムチ漬けでした。

日本人が食材とは見なさないような雑草もキムチ漬けされていました。キムチ漬けの発酵食品にしてしまえば本来食べられないような葉や草も美味しく食べられます。

今日でも、新羅の旧領であった慶州（キョンジュ）や大邱（テグ）では、他の地域と比べ、豊富なキムチ食材が食されています（サンパ料理など）。私も、同地域に滞在した時、野菜食を数日続け、ストンと痩せたことがありました。

朝鮮でキムチのような漬け物が隆盛したのは塩が簡単に手に入ったということも大きな理由です。中国では、紀元前2世紀、前漢の武帝の時代に、塩・鉄が朝廷の専売品となり、塩は非常に高価でした。そのため、中国では、漬け物は普及しませんでした。

朝鮮は海岸線も豊富で塩を大量に製造でき、中国王朝のような強力な中央集権国家もなかったため、朝廷専売制などもありませんでした。

●隋はなぜ、高句麗討伐にこだわったのか？

高句麗、百済、新羅の三国の中で、圧倒的に強国であったのは満州人の国、高句麗です。高句麗は中国の隋・唐の侵攻を撃退しています。

中国では、約400年も続いた分裂と争乱の時代（魏晋南北朝時代）を経て、589年、隋が統一王朝を形成します。

隋は高句麗遠征を4回にわたり、行います。そのうち、2回目の遠征が最も大規模

図4－1　隋時代の東アジア

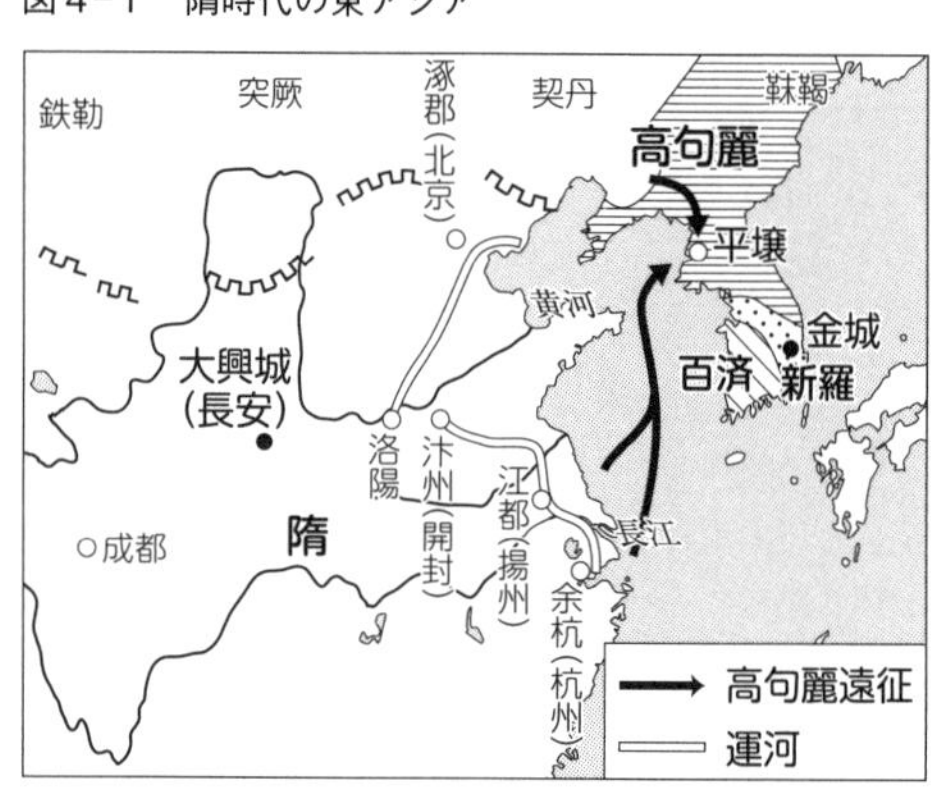

で、その討伐軍は50万～60万人だったと言われています（諸説あり）。なぜ、隋はそこまでして、高句麗討伐にこだわったのでしょうか。

中国の歴代皇帝は異民族問題に最も頭を悩ませました。秦の始皇帝、漢の劉邦や武帝らは北方のモンゴル人匈奴と戦いました。晋王朝（西晋）は316年、この匈奴が乱入して、滅ぼされています。

隋の時代になると、トルコ人の突厥や鉄勒、モンゴル人の契丹が北方で強大化し、隋を脅かしました。『隋書』北狄伝の中で、彼らについて詳しく記されています。満州人の高句麗も、これらの異民族の脅威の一角でした。実際に高句麗は遼東地域に度々出没し、隋の領域を侵していました。

高句麗は突厥の東方にあり、もし、高句麗が突厥と同盟を結べば、隋は半包囲状態にされてしまいます。また、満州人とトルコ人の居住区域は広範で、どこから乱入して来るかもわからず、隋の恐怖心を駆り立てました。

前漢の武帝が楽浪郡などを設置し、朝鮮半島を監視した理由は、側面を固め、北方の匈奴に対峙するためでした。隋の時代の朝鮮には、武帝の時代の貧弱な朝鮮とは違い、高句麗が存在しており、国家の防衛上、これを放置しておくことはできませんでした。

隋の降伏要求に、新羅と百済は従いますが、高句麗は拒否しました。

●隋はなぜ、負けたのか？

しかし、隋の強大な力をもってしても、高句麗を屈伏させることはできませんでした。なぜでしょうか。

高句麗遠征失敗の主な原因として、巨大な軍隊を養える充分な兵站線を確保できなかったことが挙げられます。隋の煬帝は物資輸送用に永済渠という運河を建設しました。これは洛陽から現在の北京に至る北上の輸送ルートでしたが、この運河を使っても、補給が間に合わなかったのです。遠征軍の規模が大きすぎ、長距離にわたる細々とした兵站線では支え切れませんでした。

また、隋は中国を統一したとはいえ、不満を持つ地方豪族が多くおり、兵士も隋のために率先して戦いませんでした。

乙支文徳（ウルチムンドク）のような高句麗の名将の活躍もありました。「ウルチ・フリーダム・ガーディアン（ＵＦＧ）」と呼ばれる米韓合同演習は乙支文徳の名から取られたものです。

隋では、運河建設の労役や高句麗遠征の兵役に苦しめられた民衆の不満が爆発し、反乱が勃発します。煬帝は殺され、隋は滅亡しました。

●外交戦略の転換

唐の太宗も煬帝に続き、６４４年、高句麗遠征に向かいます。隋の50万～60万の大軍への補給が間に合わなかった反省もあり、太宗は約10万の軍で侵攻しました。しかし、この兵力は約15万の高句麗軍と戦うには少なすぎました。太宗は高句麗の力を侮（あなど）っていたようです。

高句麗の名将、淵蓋蘇文（ヨンゲソムン）や楊萬春（ヤンマンチュン）の活躍で、唐は撃退されます。また、この時、北方のトルコ人の鉄勒（てつろく）が隙を突いて、唐に侵攻しています。高句麗は鉄勒や突厥などのトルコ人勢力と気脈を通じていました。

唐はこれ以降、新羅と手を組んで、高句麗やその同盟国の百済を攻撃する戦略を立てます。

新羅は百済・高句麗連合に領土を奪われ、敵対していました。また、日本も百済を支援し、新羅に圧力をかけていました。新羅は外交的に孤立し、存亡の危機に立たされていたのです。

６４３年、新羅の善徳（ソンドク）女王は唐に援軍を求めますが、唐は女王を廃し、唐の皇族から新王を立てることを求めました。この時、唐の太宗は高句麗遠征前で、強気だったのです。善徳女王は唐の要求を拒んだため、援助を得られませんでした。

６４５年の高句麗遠征で失敗した太宗は現実を思い知らされ、６４８年にやって来た新羅の使臣に対しては、丁重に接しました。この使臣は金春秋（キムチュンチュ）という新羅の王族で、後の武烈王（ムヨルワン）です。

●裏切りの国、新羅

金春秋は唐の援助を取り付けます。しかし、これにより、新羅は唐の属国に成り下がります。唐の衣冠礼服の制度を取り入れ、官制も唐に倣い、新羅独自の年号を廃し、唐の年号を用いて、唐に服属したのです。

弱小国の新羅が百済・高句麗連合に対抗し、生き残るためとはいえ、その行動は売国的でした。超大国である唐の属国になれば、新羅の民は唐の事実上の奴隷となることは明白であり、それをわかっていて、新羅の王族はこのような選択をしたのです。

百済、高句麗、新羅の三国は古来、激しく対立してきました。しかし、中国こそが最大の脅威であるという暗黙の合意がこの三国にはありました。互いに敵対しながらも、その共通認識に基づいて、三国の外交が展開されてきたのです。どこか一国でも、中国の脅威に侵食されはじめれば、朝鮮全体が中国に奪われ、隷属を強いられるということを三国は理解していました。

新羅はその暗黙の合意を破り、一線を越えました。百済や高句麗も、まさか新羅が自分からプライドも何もかも捨て、唐の属国に成り下がるような真似をしてまで、唐と手を組みたがるとは思っていなかったでしょう。驚天動地、全ての前提を覆す出来事でした。

新羅の裏切り行為で、三国のバランスは一挙に崩れ、もはや、中国の侵略を止めることができなくなってしまいます。

●小国は大国に利用される

「約束は破られるためにある」

この言葉は国と国の約束に最も当てはまるでしょう。どんな条約や同盟も、どんな誓約や協定も、しょせん紙切れ一枚、歴史上の国家の数々が簡単にそれを破棄してきたのです。特に、唐と新羅のような大国と小国の関係においては、大国が一方的に約束を破るという「歴史の法則」があります。

唐は新羅に「平壌以南の新羅の領有を認めるから、百済・高句麗攻撃に協力せよ」と要請します。愚かにも、新羅はこの約束を信じ、660年、唐と同盟を組み、唐・新羅連合軍は百済に侵攻、滅ぼします。

さらに、663年、唐・新羅連合軍は白村江の戦いで、百済復興を目指す百済遺民と日本（倭国）の連合軍を破ります。

高句麗の淵蓋蘇文（ヨンゲソムン）が665年に死んだことは、唐・新羅連合軍にとって、この上ない幸運でした。淵蓋蘇文の子らが争い、高句麗に内紛が起こります。この機に乗じて、668年、唐・新羅連合軍は高句麗に侵攻し、唐軍が首都の平壌城を占領し、高句麗を滅ぼすことに成功しました。

ここから、唐はその本性を現します。唐は旧高句麗に安東都護府を設置、旧百済に熊津都督府を設置し、唐の領土に編入します。そればかりではなく、なんと、新羅にも鶏林(ケリム)州都督府を設置し、新羅の文武王を鶏林州大都督に任命し、新羅も唐の領土に組み込んで、朝鮮全体を支配しようとします。

唐が新羅と交わした「平壌以南の新羅の領有を認める」という約束は簡単に破られました。新羅はこの時になってようやく、唐に利用されたのだと気付いたのです。

新羅は唐と組み、百済や高句麗を陥れました。そして、今度は、唐が新羅を陥れました。裏切りには更なる裏切りがあるものです。

●なぜ、新羅は唐に勝てたのか？

怒った新羅は滅ぼされた高句麗の遺民に接近し、彼らを支援します。新羅は高句麗王族の生き残りの安勝(あんしょう)を高句麗王にしました。彼らと連携し、唐に対抗しようとしたのです。高句麗遺民は新羅に激しい恨みを抱いていましたが、唐との戦いを優先し、新羅と連携しました。

新羅・高句麗遺民軍は６７０年、唐軍と戦います。百済の遺民も新羅に協力します。戦争は水陸両面で一進一退でした。大国の唐が苦戦したのはなぜでしょうか。

西方のチベット人の国の吐蕃が６７０年、安西都護府を攻め落とし、唐と戦いはじ

図４－２　唐・新羅戦争関係図

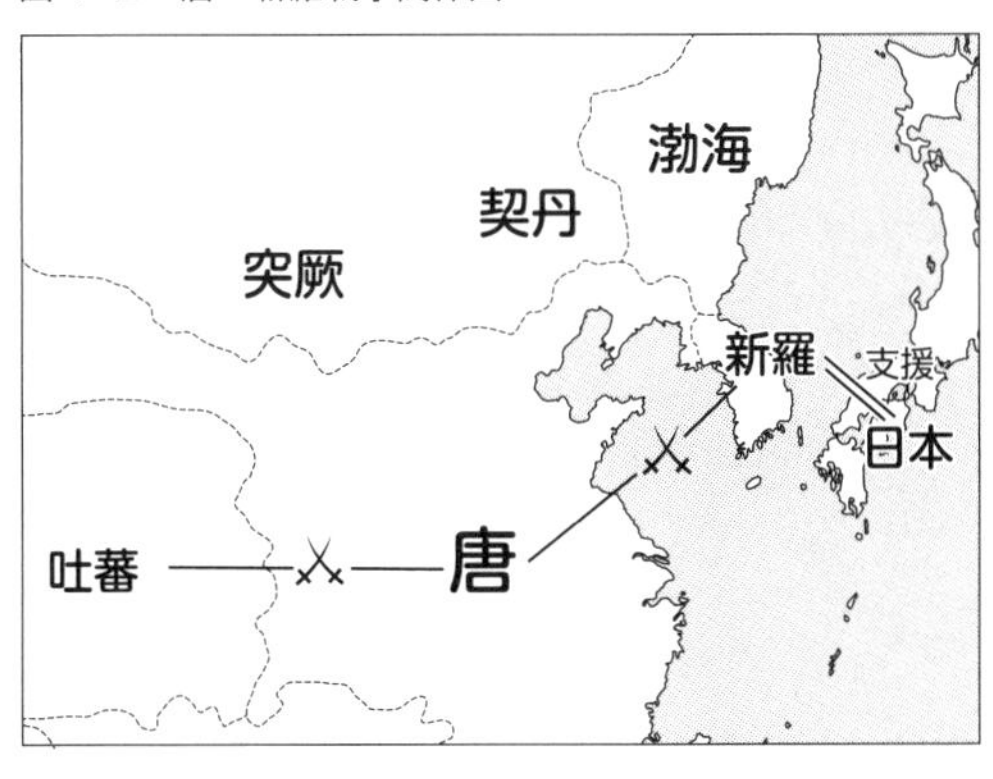

めます。このため、唐は西方と東方の二方面に兵力を割かれました。さらに、北方ではトルコ人の突厥、モンゴル人の契丹、満州人の靺鞨族（後に渤海を建国）なども唐と対立していました。こうした状況の中で、唐軍の士気は上がらず、焦りが募るばかりでした。

本来ならば、新羅のような小国が唐に対抗できるはずもありませんが、新羅にとって有利な状況が重なり、６７６年、唐軍を破りました。新羅の三国統一はこの時点で成ったと言うべきです。よく、６６８年に高句麗を滅ぼして統一に成功したと誤って解説されますが、唐の勢力を排除した６７６年の時点が統一と言えます。

ただし、朝鮮半島統一とはいえ、新羅が占領したのは平壌の南を流れる大同江（テドンガン）までで、平壌を占領しませんでした。平壌は引き続き唐領のまでした。

新羅が平壌を占領しなかったのは、高句麗を復活させたくなかったからです。新羅は高句麗遺民を本気で支援する気など元々、ありませんでした。高句麗王族の生き残りであった安勝は慶州に半ば監禁されていました。高句麗遺民たちは怒り、新羅に反乱を起こします。反乱の鎮圧後、安勝がどう扱われたのかは、わかっていませんが、闇に葬られたのでしょう。

●唐を手玉に取った新羅王

新羅は、戦争中も唐と朝貢という臣従関係を維持していました。朝貢とは、中国周辺の諸民族の統治者が、その統治権を中国に認めてもらうために、使節を送り、財物や奴隷などを貢ぎ物として差し出す臣下の礼のことをいいます。中国は、その見返りとして、王号や官職を冊封（さくほう）（授与）します。

しかし、朝貢の意味は幅広く、従属を強（し）いる場合から、単に通商・交流を行う場合まで、様々なケースがあります。日本も唐に朝貢していましたが、交流していたに過ぎません。「中国を中心とする朝貢体制が東アジアの秩序を司っていた」という解説がなされますが、朝貢そのものにそんな大袈裟な意味はありません。

図4-3　7〜8世紀の新羅王の系図

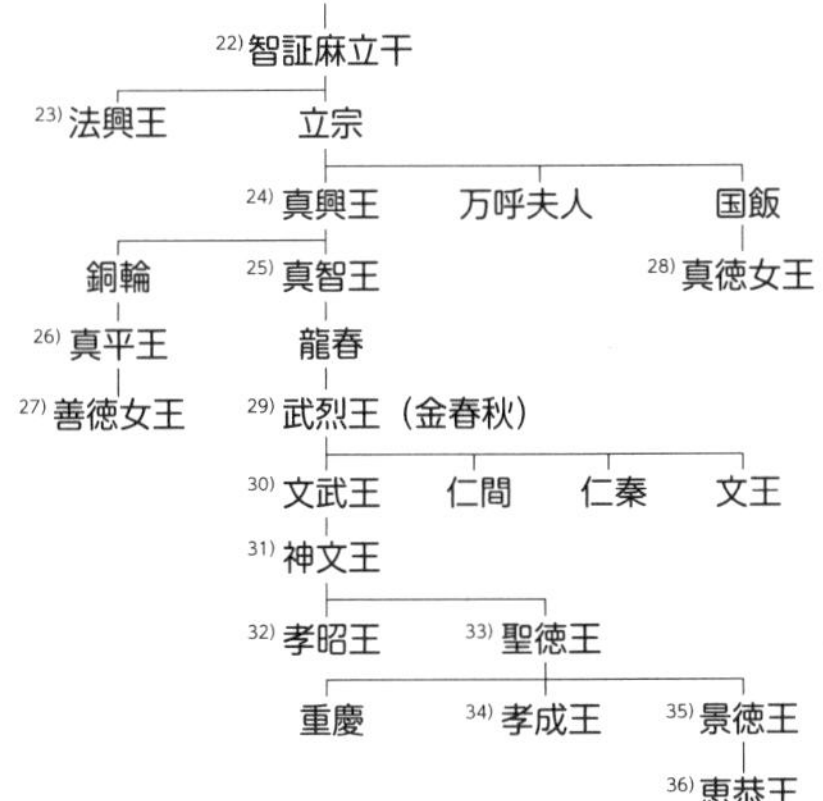

数字は代数

いずれにしても、新羅の朝貢は唐への従属と捉えられます。新羅は唐と戦争しながらも、唐の年号を使い続けていました。

それにしても、戦いながら臣従するというのはいったいどういうことなのでしょうか。当時の新羅の文武王（ムンムワン）は外交の巧みな人物でした。父の金春秋（キムチュンチュ）（武烈王（ムヨルワン））は唐の太宗の援助を引き出し、その代わりに唐の属国になることを選択した人物です。金春秋は唐に赴き、その強大な国力を直接見て、新羅が唐には敵（かな）わないということを最も理解していました。

唐の勢力を朝鮮から追い出さなければなりませんが、唐が本気になって新羅と戦えば、新羅は滅ぼされます。全面戦争だけは避けねばなりません。

子の文武王は父の従属政策を受け継ぎます。ギリギリのところで、唐に破壊的な行動を取ることを思い止まらせるため、新羅は唐への朝貢を続け、唐の年号を使いました。

唐はこのような新羅の面従腹背（めんじゅうふくはい）の態度を責め、文武王を廃し、人質となっていた王の弟を新羅王に据えようとしました。文武王は謝罪使を唐に派遣し、詫びています。

また、文武王は日本にも朝貢し、日本の後ろ楯を得て、唐に対抗しています。元々、日本領であった旧任那地域を新羅が不当に占領したことを詫び、日本が本来、徴税するはずの税を「任那の調」という形で上納しました。日本が新羅を支援したことは、唐に対する大きな牽制となりました。

唐は西方からチベットに攻められ、北方から契丹や突厥に攻められ、首が回らない状態であったことも、文武王はよく見抜いていました。その上で、唐の怒りを抑えながら、唐の勢力を排除することに成功したのです。

●中国の模倣社会

文武王の後、新羅の王たちは自ら進んで、唐に朝貢して、臣従しました。新羅はその政治体制の全てを唐の律令制から模倣します。政治体制だけに止まらず、社会や風俗全体が中国の模倣となり、自分たち独自の文化をほとんど生み出せなくなります。

それまで、朝鮮人の姓の多くは日本人と同じく、二文字でしたが中国式の一文字に改名させられました。唐の皇帝が李（り）姓だったため、それにあやかろうとした親唐派の貴族・豪族がこぞって李姓を名乗りはじめました。

文武王の二代後の孝昭王（ヒョソワン）などは唐に媚びへつらい、唐の実権者の則天武后（そくてんぶこう）のおぼえめでたく、唐への従属を深めました。

渤海が満州で台頭し、唐がこれを征伐しようとした時、唐は新羅に南から、渤海を攻撃するよう命令します。新羅はこれに従いました。新羅の功績が認められ、７３５年、大同江以南を新羅の領土とすることを正式に認められました。

新羅は唐の従属国でしたが、後の時代の、元王朝に支配された高麗や、明・清王朝に支配された李氏朝鮮のような中国の隷属国ではありませんでした。未だ、新羅は従属国の範囲内に止まっていたと言えます。新羅は唐軍を朝鮮から排除することができたからです。高麗や李氏朝鮮は中国に主権を全て奪われ、もはや国ですらなく、中国の属邦に成り下がっていきます。

しかし、新羅も一歩間違えれば、隷属国になっていました。チベットや突厥などの異民族勢力が唐と戦っていたからこそ、新羅は唐を排除できたのであり、たまたま幸運が重なったというだけのことに過ぎません。

●過酷な運命の淵源

新羅の王たちが唐に媚びへつらい、唐を必要としたのは、国内の勢力基盤を固めれず、唐の権威を利用して、国内有力者を抑え込むためでした。新羅王は唐に認められることで、その支配の正当性を確保しました。

また、日本が663年の白村江の戦い以降、朝鮮支配の復権を狙っており、新羅は日本を牽制するためにも、唐に従属しなければなりませんでした。

新羅は日本に対等な関係を要求しましたが、日本は拒否しています。『続日本紀(しょくにほんぎ)』によれば、唐の都の長安で、753年に開催された朝賀で、遣唐使の大伴古麻呂(おおとものこまろ)は新羅の使者と席次を巡り、争いました。新羅は日本の朝貢国であるので、席を下位に置くよう、唐に要求し、唐はこれを受け入れました。

755年、唐で安史の乱が起き、唐が弱体化したことを好機に、藤原仲麻呂(なかまろ)は新羅征伐の準備を行います。しかし、これは朝廷内の政争で実行されませんでした。

新羅にとって、日本に屈伏するくらいならば、唐に屈伏した方が良いという奇妙なプライドがありました。中国に屈伏することは恥辱ではないという朝鮮人独特の感覚の原点が新羅時代からはじまっていると言えます。

新羅は元々、弱小国でしたが、高句麗や百済を中国に売り渡し、裏切りによって、朝鮮の支配者となった国です。弱小ゆえに、無理が祟り、国内外の様々な問題に自力で対処できず、中国にすがり付かざるを得ない状況に陥りました。

中国従属への道を開いた新羅の罪こそが、後の時代へと繋がる朝鮮人の過酷な運命を決定づけたのです。彼らは他国を恨む前に、自分たちの父祖を恨むべきでしょう。

第五章　中国への自虐的卑屈はどのように形成されたのか？

宋〜元、高麗

●韓国は被害者か加害者か？

韓国の金泳三（キムヨンサム）大統領はかつて、日本を「ボルジャンモリ」と言い放ちました。「ボルジャンモリ」とは、目上の者が目下の者を叱る時に使う韓国の俗語で、一般に「悪い癖」というように訳されますが、そんな穏やかな意味ではなく、「バカたれ」という意味です。金泳三大統領は１９９５年、中国の江沢民（こうたくみん）国家主席との会談の中で、以下のように発言しました。

「自分は大統領に就任して以来、侵略行為と植民地支配について、日本は歴史認識を正しくすべきであることを繰り返し主張してきた。しかし、日本の妄言が続いており、今度こそ日本のボルジャンモリを叩き直してみせる」

韓国は中国の２０００年に及ぶ朝鮮侵略については何も言いません。金泳三大統領は江沢民国家主席にも反省を求めるべきだったでしょう。日本に言えて、中国に言えないという道理はありません。

また、朴槿恵（パククネ）大統領は２０１３年、独立運動を記念する政府式典で以下のように演説しています。

「日本は歴史を正しく直視し、責任を取る姿勢を持たねばならない。加害者と被害者の立場は千年経っても変わらない」

いわゆる朴大統領の「千年の恨み発言」ですが、日本だけでなく、やはり中国に対しても大きな声を出して言うべきでしょう。

韓国はいつも一方的に自らが被害者であることを主張していますが、加害者であったこともありました。それは、13世紀の元寇の時です。朝鮮人はモンゴル人とともに、長崎県・対馬に攻め入り、男たちを殺し、女たちの手に穴を開け、紐を通して数珠つなぎにして連れ去りました。『高麗史節要』には、帰還した高麗軍の将軍が200人の子供を高麗王に献上したという記述もあります。

「やった、やられた」の非難の応酬をしても仕方ありませんが、金泳三大統領や朴槿恵大統領らが言うように「正しい歴史を認識せよ」というのはその通りなので、彼らも元寇の歴史をよく見直さなければなりません。

●元寇、侵略の意図、その証拠

元寇に関し、朝鮮人もモンゴル帝国の被害者であるとする見解があります。「蒙古襲来」とも言われるように、モンゴル人が大挙して押し寄せて来て、それに朝鮮人たちが仕方なく付き合わされたという捉え方が日本人の中にもあると思います。しかし、実態はそうではなく、朝鮮人も日本侵略の片棒を担いでいたのです。

当時の朝鮮は高麗でした。高麗王の子の諶（しん）（後の忠烈王（チュンニョルワン））は1272年、自ら進んで、フビライ・ハンに日本を攻めるべきであることを以下のように、上奏しています。

惟彼日本　未蒙聖化　故発詔 使継糴軍容　戦艦兵糧　方在所須。儻以此事委臣勉尽心力　小助王師

惟（おも）んみるに彼の日本は、未だ（皇帝フビライの）聖なる感化を蒙（こうむ）らず。故に詔（みことのり）を発して、軍容を整え、継糴（けいてき）（糧食を整えること）せしめんとせば、戦艦兵糧まさに須（みち）いる所あらん。もし此事（このこと）を以て、（皇帝が）臣（忠烈王のこと）に委（ゆだ）ねば、心力を尽し勉（つと）め、王師（皇帝のこと）を小助せん。

『高麗史』の「元宗十三年」の一部

王子はこの上奏の2年後の1274年、父王の死により、王（第25代、忠烈王）に即位します。そして、忠烈王は文永の役（1274年）と弘安の役（1281年）において、艦船を建造し、兵力と経費を積極的に元王朝に提供し、日本侵攻の主導的な役割を果たします。

忠烈王の上奏文は高麗に日本侵略の意図があったことの何よりの証拠です。元を焚き付けた上での侵略ですから、「虎の威を借る狐」の如きものですが、狐であろうと何であろうと実際に、朝鮮兵はモンゴル兵とともに、日本に襲来し、乱暴狼藉を働いたわけですから、立派な侵略であることに違いありません。

●極端な自虐的卑屈

忠烈王は1271年、フビライの娘を娶ります。その翌年、フビライに前記のような日本侵略の上奏をして、帰国します。この時、忠烈王がモンゴル式の髪型と服装で帰国したため、周囲は驚きました。その姿を見て、嘆息し、泣く者もあったとされます（『高麗史』より）。

忠烈王は元王朝の都の大都（現在の北京）に滞在し、元の国力の強大さに圧倒されました。元に服従することこそが高麗の生き残る道と信じるようになったのです。

そして、毎年、元に莫大な貢ぎ物を送り、異常な追従ぶりを示しました。貢ぎ物を調達するため、なりふり構わず、民や臣下を搾取したため、クーデターが起こり、危うく殺されそうになることもありました。

1278年、忠烈王は胡服辮髪（べんぱつ）の令を発布し、朝鮮のモンゴル化を徹底します。忠烈王は子を全て、元の人質に出しています。フビライに対し、以下のように言っています。

特蒙恩、宥小邦人民、得保
（皇帝フビライの）特別なる恩を蒙（こうむ）り、（高麗のような）小さき邦（くに）の人民を宥（なだ）めつかまつり、（自らを）保ち得ん。

『高麗史』の「元宗十三年」の一部

まさに、これらの忠烈王の言動はその後の明王朝、清王朝においても永々と続く、朝鮮の中国隷属の原形をなすものであり、中国に対する極端な自虐的卑屈を決定づけるものでもありました。

前述の金泳三大統領の「ポルジャンモリ発言」にもあるように、日本を非難しても、彼らは決して、中国を非難しません。中国は長い歴史の中で、朝鮮を「生かさず殺さず」痛めつけ、彼らを徹底的に隷属させるように仕向けました。簡単に言えば、恐怖によって小人を黙らせたのです。

「虎の威を借る」狐は虎には決して逆らわず、虎の力を借りて、他を叩き、鬱憤晴らしをします。そして、そのような習性が長い年月の中で、遺伝子の中に刷り込まれてきたと言えます。

●唯一、中国の属国でない独立国

忠烈王は非常に有能な国王であったと思います。その有能な国王がここまで、他国に追従するのには当然、理由があります。その追従の経緯を高麗の成立時から順を追って見ていきましょう。

太祖王建（テジョワンゴン）が高麗を建国し（第二章参照）、936年、朝鮮を統一しました。高麗は「新羅→高麗→李氏朝鮮」の3つの統一王朝のうちの2つ目で、統一王朝で唯一、中国の属国でない独立国としてスタートしました。

この間、中国は戦乱期を経て、960年、宋王朝が成立します。彼らは文治主義を掲げ、軍事拡張政策をとりませんでした。そのため、高麗は中国の支配を受けずに済んだのです。

高麗では、宋から学んだ製陶技術も発達し、高麗青磁が作られ、また、仏教が保護され、高麗版『大蔵経（だいぞうきょう）』が編纂されるなど、文化的な高揚も見られます。高麗初期は朝鮮人の栄光の時代として記憶されているのです。

●両班、なぜ文官が上なのか？

高麗では、両班（ヤンバン）という身分制が確立します。役人のうち、文官を文班（ムンバン）、武官を武班（ムバン）と呼び、その両者をあわせ、両班と言いました。両班は社会的な支配者層を構成し、官職を世襲しながら特権貴族化していきます。

高麗では、「尚文軽武」と言われ、文官が武官よりも上位とされました。高麗は儒学を国学化しました。科挙試験でも儒学を課し、儒学の素養のある者が文官として取り立てられて、出世しました。太平の時代に、武は必要とされず、武人たちを精神的に去勢するためにも、儒学の原理（目上の者には逆らってはならないなど）が統治に利用されたのです。

両班をはじめとする身分制は儒学の教えとともに徹底されます。身分の上下は絶対的なものであり、政権にとっても、社会を安定させる秩序の根本であったので、これに従わない者を厳罰に処しました。

高麗では、こうした厳しい身分制に従い、武官は文官と食事を共にすることもできず、酒宴でも場外に出されていました。重要な政治的権限は与えられず、文官に服従させられました。

12世紀に入り、北方の契丹族や女真族との戦いで発言権を強めていった武官たちは遂に、クーデター（1170年、庚寅(こういん)の乱）を起こし、文官を殺害し、政権を掌握し、国王を操ります。いわゆる「武臣政権」の成立です。

●外敵と手を結ぶという売国的行動

武臣政権が続き、政情が不安定な中、13世紀、モンゴルが高麗に侵攻します。武臣政権は「抗蒙」を掲げ、モンゴルと戦いましたが、開京（開城）をモンゴルに奪われ、王都を江華島(カンファド)に移します。

モンゴルを撃退することができない武官に対する批判が強まり、文官たちが巻き返しを図ります。武官に操られていた国王も文官グループに加担し連携します。モンゴルの後ろ楯を得ていた国王の高宗(コジョン)や文官たちは1258年、武臣政権を率いていた崔(チェ)氏一派を暗殺し、政権を掌握しました。

図5−1　武官と文官の争いの関係

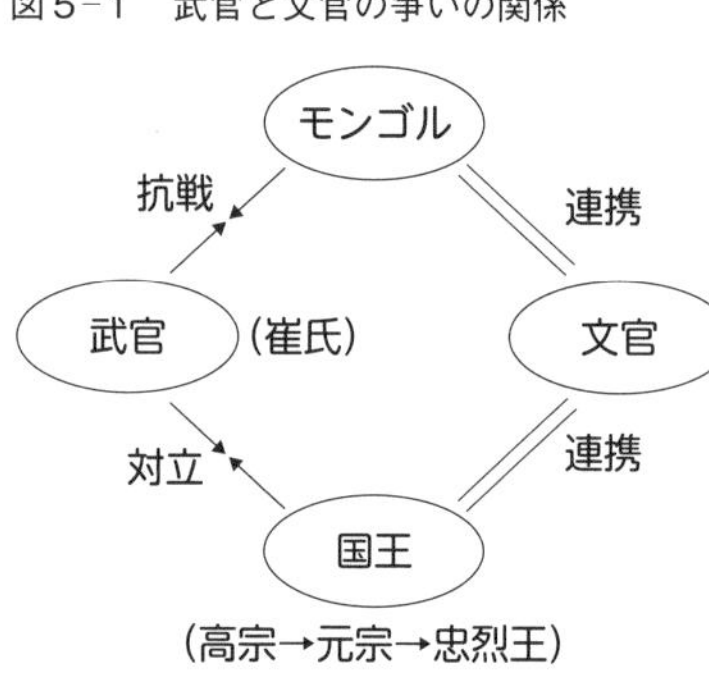

そして、高宗はモンゴルにすぐに使いを送り、「これまで崔氏のせいで、恭順できなかった」と弁明し、モンゴルに降伏しました。

モンゴルは「征東行省（せいとうこうしょう）」という高麗統治府を創設し、モンゴルの役人が直接、朝鮮全土を統轄しました。しかし、高麗ではモンゴルに臣従した後も、反モンゴルの旧崔氏勢力の残党が多くおり、国王や文官勢力を脅かしていました。有名な「三別抄（サムビョルチョ）」なども残党勢力でした。別抄とは特別部隊のことで、崔氏政権が警護のために組織した左右の二別抄と、モンゴル軍の捕虜となりながらも脱出してきた者を集めて編成した神義軍をあわせて「三別抄」と呼びます。

国王は旧崔氏勢力を抑え込むためにも、モンゴルにすがる以外にありませんでした。言わば、国王は内敵を叩くために、外敵と手を結ぶという売国的行動をとるしかなかったのです。

●自分を王にしてくれた大恩人フビライ

１２６８年、旧武臣政権勢力（反モンゴル派）が反乱を起こし、翌年、元宗を廃しました。モンゴルの人質となっていた忠烈王（この時はまだ王子）はフビライに、反乱を鎮圧するために兵を借りたいと懇願しました。フビライはこれを認めました。忠烈王率いるモンゴル軍は颯爽と朝鮮へ向かい、反乱を鎮圧し、父の元宗を復位させました。

忠烈王は反乱に加担した旧武臣政権勢力を皆殺しにし、反対派を一掃したことで、国王政権の復興に成功したのです。そして、それを可能にしたのがモンゴルであったことから、忠烈王のモンゴルへの忠誠心もまた、揺るぎないものとなりました。

忠烈王にとって、フビライ・ハンこそが自分を王にしてくれた大恩人であり、フビライの意を率先して遂行することが自らの義務と感じ、終始、フビライに過剰にへりくだるのです。そして、フビライの世界征服を助けるべく、高麗が犠牲になっても、日本侵略を行おうと進言して、フビライの歓心を買いました。

日本にとっては迷惑な話ですが、忠烈王は日本を、元と高麗の共通の敵とすることで、彼らの連帯意識を高めようとしたのです。元との結び付きが強固になればなるほど、高麗王の地位は安泰なものとなります。

元寇はモンゴルが主導し、高麗は彼らに不本意ながら動員されたのではなく、実際には、高麗が積極的に加担していたのです。

●たとえ自国民が犠牲になろうとも

文永の役（1274年）で高麗は900隻の船を建造するのに約3万人を強制労働させ、朝鮮人兵士5000〜8000人、水夫6000〜7000人が動員されます。これに、モンゴル人兵士、中国人兵士が加わり、全体で約4万の軍が編成されます。弘安の役（1281年）では、高麗は各々、倍の人数を動員し、モンゴル人兵士、中国人兵士をあわせて、約14万の軍が編成されます。

高麗は莫大な物的、人的負担を負いましたが、忠烈王はこれを、フビライに自らの忠義を売り込むチャンスと考えたのです。労役につかされた朝鮮民衆は悲惨で、その窮状をフビライに訴えることも一時的にありましたが、忠烈王は自分の王位を守ることを優先し、自国民を犠牲にしました。

現代でいう「従軍慰安婦」を差し出すように要求されることもありました。『高麗史』には、元の使臣が度々、「高麗に駐在する元の役人や軍人に女を献上せよ」と命じたことが記述されています。そして、忠烈王はこの命令に応えるため、監督官を派遺して、処女・美女を強制的に連行しました。また、処女を得るため、結婚を禁止する令を発布しています。

この時代の朝鮮の中国追従は後の時代に隆盛する儒学の「華夷思想」や「小中華思想」（第六章参照）によって裏付けされたものではなく、ひたすら弱い者が強い者にすがろうとした依存心によって、引き起こされたものです。

忠烈王という名は「忠義の烈しい王」という意味で元から諡されたものです。「祖」や「宗」という廟号が忠烈王に用いられなかったのは、元が高麗を独立国としてでなく、元の一部である諸侯国として扱ったからです。

フビライは１２７１年、国号を中国風の「元」として、都を大都に定めました。文永の役の３年前のことです。

因みに、ベトナムも朝鮮と同じく、元の侵攻を受けています。当時のベトナム王朝の陳朝では、王族たちが元に徹底抗戦する姿勢を見せ、国内の豪族や民衆も一致団結していました。

王族で武将の陳興道の活躍により、元の大軍をゲリラ戦で巧みに撹乱し、３度にわたる侵入を撃退しました。陳興道は今日でも、ベトナム民族の誇りとされています。

ベトナム人の不屈の精神は朝鮮人の隷属精神と決定的に異なっています。

●元・高麗連合軍はなぜ、負けたのか？

忠烈王は剛腕で有能な人物でした。フビライの信頼を得て、自らの影響力を最大限、発揮しようと画策します。

1274年10月の文永の役で、元軍・高麗軍は対馬・壱岐を侵略し、博多に上陸しましたが、武士の抵抗があり、戦闘1日で撤退します。なぜ、すぐに撤退したのか、その理由はよくわかっていません。

元寇は2回とも暴風雨によって、元軍が被害を受けたとされますが、第2回の弘安の役の時に暴風雨があったのは事実で、第1回の文永の役の時には、暴風雨はなかったとする見方が学界では有力視されています。「神風」に護られる「神国日本」というのはつくられたイメージに過ぎません。

忠烈王は文永の役の敗因を、モンゴル軍と高麗軍の指揮系統の未整備に伴う混乱と捉えました。忠烈王はこれを是正するため、高麗軍の将軍をモンゴル軍の指揮系統の中の正式な指揮官（万戸職など）と認め、モンゴル正規軍としての役割を果たさせるべきことを上奏しています。忠烈王は高麗軍の地位向上を狙ったのです。フビライはこれを認めました。

●日本侵略を利用

さらに、忠烈王は高麗軍を一元的にコントロールするため、高麗軍統轄の権限を自分に与えてほしいと上奏します。フビライはこれも認め、忠烈王を「征東行省」の丞相に任命します。「征東行省」とは前述のように、モンゴルが設置した高麗統治府です。

「征東行省」の丞相は高麗の統治権を一切任されています。丞相となった忠烈王は自分の腹心たちを政治的要職に就け、また軍の指揮官たちを自ら選定し、事実上の王直属軍を編成します。

忠烈王は元王朝の日本侵略の野望を自らの王権強化のための材料として最大限利用したのです。その意味において、忠烈王は政治的に大きな成果を挙げました。以後も朝鮮の王や為政者たちは忠烈王を模範として、「虎の威を借る狐」を演じていくことになります。

14世紀に編纂されたモンゴルの歴史書『集史』には以下のようにあります。

（忠烈王は）フビライに寵愛された王と知られているが、実際には王ではなかった。

ラシード・ウッディーン『集史』、フビライ・ハン紀

第六章　中国が遠隔操作する

「第2中国人」とは何か?

元末期〜明、高麗末期〜李氏朝鮮

●どちらに付くべきか？

朝鮮のような属国にも、自分で自分の運命を決めなければならない時代がありました。元王朝に屈服して１００年経った後、元王朝の勢力が衰え、新たに明王朝が台頭しました。旧勢力の元王朝に付くべきか、新勢力の明王朝に付くべきか。朝鮮は大いに悩み、揺れました。選択を誤れば、死あるのみです。

14世紀後半、元王朝末期に大規模な民衆の反乱が起こり、この反乱のグループの中から朱元璋が頭角を現します。朱元璋は江南（中国南部）の漢人勢力を政権の基盤としており、モンゴル人勢力の元を北へ追いやり、１３６８年、明王朝を建国し、洪武帝を名乗ります。都は金陵（現在の南京）に置かれました。

朱元璋は貧農から身を起こし、反乱軍の中で人望を集め、天下を取り、皇帝になった人物です。紀元前３世紀末に漢王朝を建国した高祖劉邦も農民出身ですが豪農で豊かであったのに対し、朱元璋は水呑み百姓で、両親や兄弟を飢餓で亡くしたとされます。読み書きができず、成人して反乱軍に身を投じているときに猛勉強をしたようです。

朝鮮としては勢いのあった明に付くのが当然と思われますが、朝鮮の武人たちは敢えて、元に付くことを主張しました。なぜでしょうか。

武人たちの狙いは高麗の独立復興でした。元と明の争いの混乱に乗じて、高麗を中国の支配から脱却させようと考えたのです。そのためには、できるだけ長く、そして激しく、元と明が泥仕合をしてくれなければなりません。劣勢の元に、朝鮮がテコ入れして、明と戦わせようとしました。

これは危険な賭けであり、成功する可能性は低く、一種の強硬策でした。武人たちの代表が将軍の崔瑩(チェヨン)でした。

●朝鮮の自立へのチャンスだったのか？

崔瑩は倭冦の討伐などで功績があり、清廉な人物で民衆からの支持もありました。高麗がモンゴルの元王朝への従属を強いられてきたことに義憤を感じていた人物で、たとえ国が亡びることになっても従属よりも死を選ぶという武人特有の美学を持っていました。

崔瑩らの強硬策に反発し、親明政策を取るべきと考えたのが「新進士大夫(したいふ)」と呼ばれる文人官僚たちでした。親明派は明の勢いを止めることはできない、明に逆らえば皆殺しにされる、そうなる前に、明へ服属するべきだと考えました。

現実的な路線でしたが、崔瑩からすれば敗北主義者に見えたことでしょう。中国の

図6－1　高麗末期の派閥対立

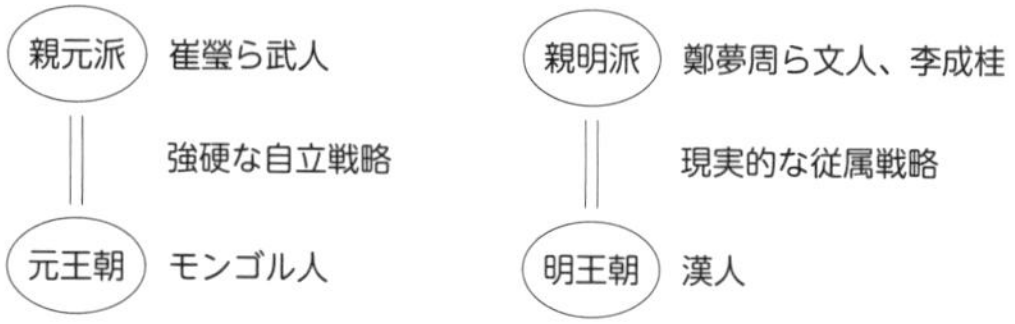

親元派	崔瑩ら武人	親明派	鄭夢周ら文人、李成桂
‖	強硬な自立戦略	‖	現実的な従属戦略
元王朝	モンゴル人	明王朝	漢人

混乱は自立へのまたとないチャンスであり、この機を逃せば、朝鮮の隷属が続くと憂いたのです。重臣会議では、両派の討論が永々と続けられました。

高麗時代の末期に、成均館(ソンギュングァン)という研究機関が設置されました。科挙試験に合格した官僚たちがこの機関を運営し、国政に対し、大きな影響力を持っていました。成均館官僚たちの代表が鄭夢周(チョンモンジュ)でした。鄭夢周らは中国の情勢と実態を摑んでいたため、明に逆らうということがいかに無謀であるかを論じました。

●李成桂の軍事遠征

親元派と親明派の対立を利用して、台頭の機会を窺っていたのが野心家の李成桂(イソンゲ)でした。李成桂は崔瑩の引き立てにより、出世した将軍でしたが、最終的に崔瑩を裏切ります。

李成桂は当初、態度を明確にせず、崔瑩に従っていました。しかし、内心では現実的な親明路線に共感しました。李成桂は親明派の文人官僚や学者を取り込み、他の武人たちよりも優位な立場を得ようとしました。特に、鄭夢周は李成桂を高く評価し、親交を深めていました。

明は１３８８年、高麗領である鉄嶺（現在の中国遼寧（りょうねい）省）以北の割譲を一方的に通告してきました。高麗は元王朝の混乱に乗じて、遼寧の一部を奪っていました。高麗王が明の通告に激怒し、一気に風向きが崔瑩ら親元派優位に傾きました。

高麗王は明に対抗するため、直ちに遼東地域に軍を派遣しました。この軍の指揮官に任命されたのが李成桂でした。李成桂は遠征に反対していましたが、彼は戦（いくさ）に強く、崔瑩からの信頼も厚く、指揮官を任されたのです。しかし、このことが崔瑩の命取りになります。

●威化島回軍

李成桂は１３８８年5月、約3万８０００人の遠征軍を率いて、現在の北朝鮮と中国の国境を流れる鴨緑江河口の威化島（ウィファド）に到達しました。この河を渡れば、明軍と直接対決することになります。李成桂は明軍と戦っても勝ち目のないことはわかっていたので、河を渡り、死地に入ろうとはしませんでした。

雨季で河が増水し、渡れなかったこともあり、軍の士気は下がる一方でした。李成

図6-2　威化島回軍

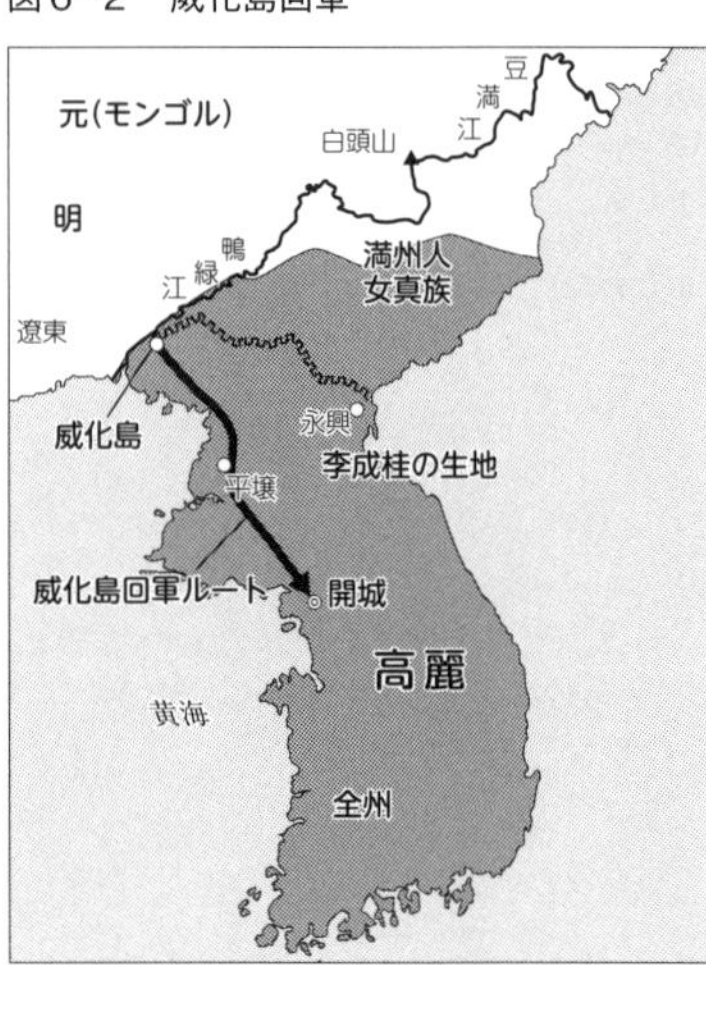

桂は国王に宛てて、撤退の申し出を何度もしていますが認められず、進むことも退くこともできない状況に陥ります。

ここで、李成桂はクーデターを起こすことを決断。軍を引き返させ、高麗の都の開京（開城）に攻め上ります。これを「威化島回軍」といいます。開京を占領した李成桂は国王を廃位処刑、崔瑩も処刑しました。李成桂は恩義のある崔瑩を殺したことに良心が痛んだらしく、自らが編纂を命じた『高麗史』の中で、崔瑩を讃えています。

既に高麗王朝は民心を失っていました。飢餓が蔓延し、人々は新しい世の中の到来を期待しながら、李成桂たちの「威化島回軍」を歓呼の声で迎えました。

●李成桂とは何者なのか？

　１３９２年から１９１０年まで５００年以上も続く李氏朝鮮を創始した李成桂とはいったい何者でしょうか。彼は高麗の満州人軍閥の頭目であり、その勢力基盤は咸鏡(ハムギョン)南道（現在の北朝鮮東北部）にありました。李成桂に仕えた李之蘭(イジラン)は満州人女真族の指導者で、満州人を取り込むことに成功しています。

　高麗政権も満州人が中心でしたが、長い年月の中で、韓人と混血を繰り返し同化していました。そのような中でも、満州人の血統や、彼らの狩猟・牧畜生活の伝統を強く残す部族を、李成桂は率いていました。

　李成桂の満州人部隊は元々、モンゴル人とも親交が深く、元王朝の支配に長い間、服属していました。モンゴル人と朝鮮を繋ぐ中継交易で収益を得ていました。元末期にモンゴル人の力が衰えると、今度は高麗に服属しました。

　李成桂が韓国南西部全羅道の全州李氏を本貫(ほんがん)としているという説がありますが、それは後世の創作であり、李氏朝鮮の創始者の彼を韓人としたい韓国側の都合によるものと見るべきです。

　李成桂本人の出自について、確たる史料が残っておらず、わからない部分が多いのですが、李成桂の下に集まっていた勢力は李之蘭(イジラン)をはじめとする北方満州人部族の有力者たちであり、李成桂を頂点として、彼らが大きな力を持っていたということだけは間違いありません。

●「第2中国人」

1368年に明が建国されてから20年間、朝鮮では親元派と親明派が激しく争いました。李成桂は親明派に与して、クーデター（「威化島回軍」）を起こし、闘争は親明派の勝利に終わります。

親明派の文人官僚たちは中国人にとって、「第2中国人」と呼ぶべき存在でした。文人官僚たちは儒教の素養を持つ有識者でした。

12世紀後半、中国の南宋王朝の時代、朱熹（しゅき）が現れます。朱熹の唱えた儒学理論は朱子学と呼ばれ、中国の知識人層に受け入れられていきます。朱子学が科挙試験の主要科目となり、元王朝時代に一時期、停止されるものの、復活した科挙では、主要な準拠経書（参考書）として朱子学が認定され、国家教学とされます。

こうした中国の文化界の流れを朝鮮の高麗王朝も取り入れ、朱子学が最先端の学問として尊重されていました。

朱子学では、世界の中心たる「中華」に従うことが善であり、君臣父子の名分をわきまえるべきことが説かれます。前述の鄭夢周らをはじめとする成均館に属する朝鮮の文人官僚たちは朱子学を信奉し、漢民族の明こそが正統な王朝であり、明に歯向かうことは「中華」や天子の国、更には秩序を犯すことになると考えていました。

朱子学を重んじていた朝鮮の文人官僚たちは明王朝にとって、実に都合の良い味方であり、「第2中国人」として活躍を期待されたのです。

●中華思想はなぜ儒学と一体化したのか？

朱子学は中国中心主義の中華思想と深く結び付いています。「華」というのは文明のことであり、漢人は文明の「中」にいる民族、即ち中華であり、周辺の他の民族は文明の「外」にいる夷狄（野蛮人）であるとされます。

中華という言葉は唐の時代に編纂された歴史書『晋書』などにも使われていますが、この言葉を概念として定着させ、一般化させたのは宋王朝の司馬光（しばこう）です。司馬光は歴史家であると同時に、宰相にまで登り詰めた大物政治家でした。

司馬光が編纂した『資治通鑑（しじつがん）』（１０８４年完成）は全２９４巻の大歴史書で、編纂のための史局が設置され、宋王朝の全面的援助を受けて完成しました。時の皇帝神宗（しんそう）が「為政に資する鑑（かがみ）」と賞して、『資治通鑑』というタイトルになったのです。

司馬光はこの『資治通鑑』の中で、儒学の思想に基づき、君主と臣下のわきまえるべき分を説く「君臣の別」や、漢人（華）の周辺異民族（夷）に対する優位を説く「華夷の別」を主張しています。「華夷の別」とともに、文明の「華」の中にいる漢民族が歴史的に果たす使命というのは何かという中華思想が全面的に展開されます。

高度な文化を擁する漢人は憐れな周辺蛮族に施しを恵んでやる寛容さも時には必要であるということが記述され、周辺民族をかなりバカにした内容となっています。その中で、日本や朝鮮などの東方の国は「東夷」と呼ばれ、周辺の野蛮人の一派に位置付けられています。

南宋時代、朱熹は司馬光の『資治通鑑』を称賛し、これをもとに『資治通鑑綱目（こうもく）』を著し、大義名分論を展開して、中華思想が儒学の世界観の中に統合され、朱子学という民族主義的な新しい儒学体系が生まれます。

●中国に操られていた朝鮮官僚たち

朝鮮の文人官僚たちは朱子学の素養を持つことが文化的洗練の証しであり、野蛮な未開人と訣別（けつべつ）する道であると信じ、自らの思想を中国化していき、進んで「第2中国人」となったのです。彼らの中には中国に留学した者も多くいました。

成鈞館の文人官僚たちの権力の源泉は「中国と繋がっていること」でした。中国の内部事情に精通し、時に要人に頼み事を聞いてもらうこともできる、中国に顔が利くということが最大の武器だったのです。中国にとっては、彼らは使い勝手のよい「リモートコントローラー（遠隔操作要員）」のような存在で、公私にわたり惜しみない援助を与えました。

つまり、中国は、朝鮮官僚に思想だけでなく、利権も与えたのです。朝鮮官僚たちにとって、後者の方が一層ありがたいものであったのは言うまでもありません。いつの時代でも、大国はこうした要員を支援し、自国に有利なように遠隔操作します。現在の日本でも、遠隔操作されているのではないかと思える人たちが各界にたくさんいます。

明王朝の建国期において、中国はかつてないほど、効果的にこうした要員を動かしました。孫子の兵法の極意は「戦わずして勝つ」ですが、明王朝は朝鮮の文人官僚たちを利用し、朝鮮を抑え込むことに成功したのです。

朝鮮の主な朱子学者として3名挙げておきたいと思います。高麗末期の14世紀末に活躍した儒学者の権近（クォングン）は『入学図説』等を著し、朝鮮朱子学を大成させた人物です。李滉（イファン）は号を退渓（テゲ）といい、16世紀に活躍した朱子学者で、1000ウォン札に描かれ

図6－3　韓国のお札に描かれている人物
1000ウォン（左上）：李滉、5000ウォン（左下）：李珥、10000ウォン（右上）：世宗、50000ウォン（右下）：申師任堂

ています。「東方の小朱子」と呼ばれ、『朱子書節用』を著し、日本の林羅山などの朱子学者に大きな影響を与えました。

もう1人は5000ウォン札に描かれている李珥です。号は栗谷。李滉よりも1世代後の人物で16世紀後半、官僚としても活躍します。李滉とあわせて、「二大儒」と呼ばれます。因みに50000ウォン札には、李珥の母の申師任堂が描かれています。申師任堂は繊細で写実的な絵を描く女流画家で、韓国では良妻賢母の鑑とされます。

10000ウォン札には世宗（第七章参照）が描かれています。

●「小をもって大に事ふるは保国の道」

高麗末期の親明派官僚たちは中国に媚びへつ

らい、売国的な行動によって、自らの利権を肥え太らせていました。この親明派に便乗したのが野心家の李成桂でした。

李成桂は遼東遠征を命じられた際、「小をもって大に事ふるは保国の道」と言いました。これは『孟子』の「以小事大」からとったもので、大国の中国に事えることが肝要とする考え方で、「事大主義」とも呼ばれます。李成桂の発言は親明派の文人官僚たちの意向を汲んだ忖度でした。そして、クーデターによって、実権を握った李成桂は高麗王家一族を都から追放し、1392年に自ら王位に就き、李氏朝鮮を築きます。日本は当時、室町時代の足利義満の治世の末期でした。都は開京（開城）から漢陽（現在のソウル）へと遷都されます。1395年に漢陽を漢城と改称しました。

李氏朝鮮は成立時から、中国の明王朝に服属しました。明の元号を使用し、明の官服や制度を導入しました。

李成桂は明に使者を送り、高麗に代わる新たな国号を決めて欲しいと依頼しました。自分たちで勝手に決めることはできないので、宗主国たる明に決めて欲しいというのです。世界史において、他国に自国の国号を決めてもらった国は李氏朝鮮だけです。

その際、「朝鮮」と「和寧」の2つの案を明に提案しています。「和寧」は李成桂の生地で、現在の北朝鮮東北部の咸鏡南道の金野郡でかつて永興郡と呼ばれた所を指します。「和寧」は本命案の「朝鮮」に対する当て馬候補の案であったと思われます。

明の朱元璋は「朝鮮」を使うよう、指示しました。

●「朝鮮」は国号なのか?

では、「朝鮮」は国号なのでしょうか。朝鮮側は国号として「朝鮮」を捉えていたかもしれませんが、中国側はそれを国号として与えたのではなく、地方名として与えました。国号というのは主権を持った独立国家に冠せられるものです。中国が朝鮮を独立国家と認めていないことは明白であり、その意味において「朝鮮」を国号と捉えるべきではありません。朝鮮側も明の宗主権を認めているのですから尚更のことです。

明は李成桂に「権知朝鮮国事」という称号を与えます。この称号を「朝鮮王代理」とする解釈がありますが、それは朝鮮側の勝手な解釈です。「権知国事」というのは「知事」くらいの意味です。また、「権」は日本の権大納言や権中納言と同じく、「副」「仮」という意味があることから、「権知国事」は「知事」ですらなく、「副知事」や「仮知事」という意味になります。明の朱元璋は李成桂が勝手に高麗王を廃位して、自ら王に即位したことに対し、不快に思っており、李成桂を朝鮮王として認めませんでした。

漢王朝の時代、中国には郡国制という地方制度がありました。これは地方に、諸侯王や諸侯を配し、彼らに地方政治を委任するという制度です。漢の武帝の父の景帝(けいてい)の時代に起こった「呉楚七国(ごそしちこく)の乱」というのを聞いたことがあるかと思います。呉や楚などの7国は「国」と称されたものの、いわゆる「国家」ではなく、漢王朝の一部としての地方に過ぎません。諸侯王は「王」と称されるものの、いわゆる「国王」ではなく、漢王朝の地方知事の役割を背負っていました。

中国には、こうした郡国制のような伝統もあり、「国」や「王」が多用されることがありますが、それは近代で使われる主権国家や国王とは意味が異なります。李氏朝鮮3代目の太宗が明によって正式に「朝鮮国王」に冊封されますが、これも「郡国」的な意味における諸侯王という扱いに過ぎません。その証拠に、李氏朝鮮の王は「陛下(ペハ)」ではなく、一段格下の「殿下(チョナ)」と呼ばれます。世継ぎも「太子(テジャ)」ではなく、「世子(セジャ)」と呼ばれます。

つまり、「陛下(ペハ)」という主権者は朝鮮には存在しなかったのです。

●「朝鮮」を最初に言い出した男

李成桂に与えられた「権知朝鮮国事」という称号に「国」という表記があったとしても、「邦(くに)」くらいの意味で、それ自体にあまり意味はなく、朝鮮が一個の独立した国として、中国から認められたと解釈することはできません。朝鮮側がこれを「国号」としたい意図はわかりますが、残念ながら、中国側はそういう扱いをしていなかったのです。

韓国の教科書や概説書には、「朝鮮」は檀君以来の古朝鮮の伝統を受け継ぎ、そこに民族の独自性を求める意味が含まれているといった解説がなされます。たしかに、朝鮮側はそのような気概を込めていたでしょう。

「朝鮮」の使用を中国に打診してみるべきと最初に言い出した人物は鄭道伝(チョンドジョン)でした。鄭道伝は李成桂の参謀で、鄭夢周と同じく成均館に属する親明派の文人官僚でした。

鄭道伝は１３９２年、李成桂の命により、『高麗国史』全37巻を編纂します。この史書は李成桂の国王としての正統性や朝鮮の自立を強調する内容で、明の不興を買う恐れがあり、太宗(テジョン)の時代に再編纂されます。明の意向に沿う形で編纂が重ねられて、最終的に5代目文宗(ムンジョン)の時代の１４５１年に『高麗史』という形で完成します。

鄭道伝は事実上の宰相としても政治手腕を振るい、李氏朝鮮の行政統治機構の基礎をほとんど1人で築き上げました。

鄭道伝は「劉邦が張良を利用して王朝を創業したのではない。むしろ張良が劉邦を利用して王朝を創業したのである」と語り、自分を張良（漢王朝建国者の劉邦の参謀）になぞらえました。

鄭道伝は、王は血統により継承されるものであるので、全ての王が健康で賢明とは限らない。一方、宰相は廷臣の中から選抜されたものであるので、王よりも政治に適しているとして、宰相を中心とした行政機構を創設し、王権を制限しようとします。

李成桂の五男の李芳遠（イバンウォン）（後の太宗）は鄭道伝のこうした考え方と反対で、強力な王権こそ社会の安定をもたらすと考え、激しく対立しました。

●遼東を取り戻す

鄭道伝はかつて高句麗が有していた遼東半島を朝鮮固有の領土と考え、中国から取り戻すべきと考えていました。当時、明は朱元璋（洪武帝）治世の末期で、モンゴルとの戦いに明け暮れており、遼東に支配が及んでいませんでした。首都は未だ南方の金陵（南京）に置かれていました。

鄭道伝はこの機に乗じて、遼東に侵攻しようとしたのです。これは単なる領土問題のみならず、重要な意味を持っていました。古来、遼東は女真族（満州人）の本拠地でした。遼東を併合するということは満州人を中国と切り離し、朝鮮に取り込むということです。

かつて、高句麗は満州人の国家でした。李氏朝鮮王朝の創始者の李成桂は満州人部隊を率いていた将軍であったので、高句麗の後継者として、遼東の満州人を支配下に組み入れることは自然なことだと鄭道伝は考えていました。遼東は民族の系譜からしても、中国のものではないというのが鄭道伝の主張で、李成桂もこれに同調しており、鄭道伝に遠征の準備を進めるように指示していました。

しかしこの考え方は危険なもので、明との全面戦争を招く恐れがありました。鴨緑江を越えて、朝鮮が遼東に軍を展開すれば、北京まで一気に攻め込むことも可能になり、明にとって、見過ごすことのできない脅威となります。

そのため、李芳遠は、明は黙っていないだろうと危機感を募らせ、遼東遠征に強く反対しました。李芳遠は使者として明に赴いたことがあり、朱元璋とも直接会っています。明の強大さを肌身で感じていました。

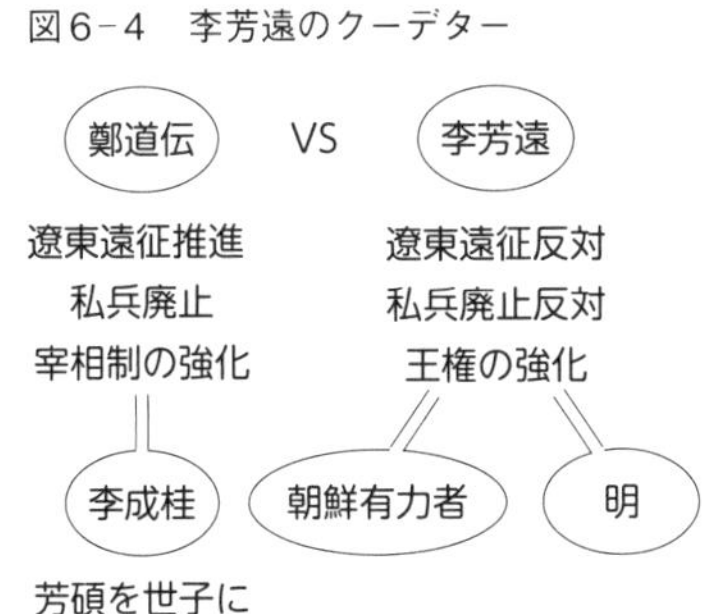

図6-4　李芳遠のクーデター

●李芳遠が明を必要としたのはなぜか？

李芳遠には、明に忖度をしなければならない事情がありました。父の李成桂は2番目の妻の康（カン）氏との間に生まれた、当時わずか11歳の末息子の芳碩（バンソク）を溺愛し、世子に指名しました。李成桂は芳遠を嫌い、建国の最大の功労者の1人であった彼を遠ざけました。

後継者から外された芳遠は明に接近し、明の後ろ楯を得ることで、逆襲の機会をうかがいました。明に忠誠を誓っていた芳遠は鄭道伝の遼東遠征に反対し、明に状況を逐一知らせながら、明との癒着を深めていきます。

一方、鄭道伝は遼東遠征のための強力な中央軍を必要とし、有力者の私兵を中央軍に組み込もうと大規模な軍制改革を行います。また、軍編成にかかる費用も有力者に拠出させました。

有力者たちの反発が強まり、彼らは李芳遠のもとに集まります。芳遠はこの好機を逃さず、有力者たちをなだめ、結束を強めていきます。父の李成桂が病で倒れると、芳遠は1398年、クーデターを起こします。芳遠は鄭道伝を捕らえ、その場で処刑します。そして、有力者たちを率いて王宮に攻め入り、幼い世子の芳碩を処刑し、病身の父を監禁して、政権を握ります。

このクーデターを、芳遠はすぐに明に報告しました。明に危害を加えようとした「奸臣の鄭道伝」を排除したと説明したのです。明の芳遠に対する評価は決定的になり、後に、芳遠が太宗として即位すると、明は太宗に「朝鮮王」の称号を正式に与えました。

明は朝鮮の内紛を大いに利用し、朝鮮を属国として支配しました。そして、また、李芳遠のような野心家たちも明に依存し、内紛を自らに有利なように誘導したのです。こうした癒着の構図は朝鮮史に一貫したものであると言えます。

第七章　中国への反逆とされたハングル制定

明、李氏朝鮮

●聖君も「貢女」集めに必死だった

「12歳以下の女子については婚姻を禁ずる」

これは李氏朝鮮4代目の世宗（セジョン）が出した布告です（『朝鮮王朝実録』より）。世宗は朝鮮最高の聖君とされ、1万ウォン札に描かれている王です。世宗はいったい何のために、このような布告を出さなければならなかったのでしょうか。

朝鮮には「貢女（コンニョ）」というものがあり、これは中国の高官に差し出す女性のことです。古くは5世紀の高句麗や新羅が中国に、「貢女」を送っています。

高麗が元に服属して以降、朝鮮は中国に毎年、多額の金銭・物品を貢納しなければなりませんでした。朝鮮は土地が痩せて、貧弱な国であったので、中国が求める金銭・物品の貢納が慢性的に不足していました。その不足分を補うために、若い美女たちが送られたのです。

世宗は「貢女」を集めるために、「進献色」という役所機関を設置しています。「進献色」の役人は全国に派遣されて、現地で美少女を見つけ次第、問答無用に連行し、中国送りにしました。民衆は娘が連行されるのを防ごうとして、幼い年齢で早婚させました。乳飲み子を嫁がせることまであったため、世宗は上記のような早婚禁止を布告したのです。

しかも、質（たち）が悪いことに、王族や両班など貴族階級は除外し、民衆のみに早婚禁止を押し付けました。

「貢女」は世宗の時代に最多を記録したとされます。いかに、明の圧力に膝を屈せざるを得なかったとはいえ、これが聖君と呼ばれる世宗のやったことなのです。

●「採紅使」

世宗の父の太宗の時、「貢女」の集め方は当初、穏健なものでした。親や身寄りのない少女、捨て子を集め、保護する代わりに「貢女」にしていました。この方法ならば、悲しませる親族はいないのだから、マシな措置だと配慮したのでしょう。

しかし、こうした少女たちを明の使臣に差し出したところ、使臣は「みすぼらしい女ばかりだ」、「我が明国をバカにしているのか」と怒り、その場にいた朝鮮人官吏（かんり）を棒で殴ろうとしました。「貢女」を選ぶ中国の使臣は「採紅使（チエホンサ）」と呼ばれました。「採紅使」の激しい怒りに恐れをなした太宗は「貢女」集めをやり直し、身寄りがあろうがなかろうが、美女を見つけ次第、強制連行しました。

その際、太宗は「処女を隠した者、鍼灸を施した者、髪を切ったり薬を塗ったりした者など、選抜を免れようとした者について、厳罰に処す」という布告を出しています。

このため、娘が生まれても他人に知られないように隠したり、娘を出家させたりしました。美しい娘が生まれれば、親は娘の顔に劇薬を塗って、皮膚をただれさせました。足を引きずり、わざと障害のあるフリをさせたり、金持ちならば賄賂を渡して連行を免れたりしました。

娘を隠していたことが発覚すれば、村全体が残酷なかたちで処罰されました。娘を持つ家も持たない家も、「貢女」をめぐって地獄を強いられたのです。

●「貢女」の人数・規模はどのくらいだったのか？

「貢女」狩りを強行し、民衆を絶望へと追いやった朝鮮の王や支配者が悪いのか、それともそれを強いた中国が悪いのか、いったいどちらでしょうか。

「貢女」として中国送りにされた人数の規模について、明・清時代に総計150人程度とする見方がありますが、この数字は論外です。「進献色」という役所機関までつくられて、民衆は娘を隠し、顔に劇薬まで塗って、連行を免れようとしたのです。そのような民衆の緊迫した状況が数百という程度の規模であるはずがありません。韓国の学界では、数千人に上るとする見方もありますが、これも明・清時代の総計であって、年間の人数ではありません。年間に数千人に上るとするならば、史書に記された緊迫した状況と合致すると見てよいかもしれません。

『朝鮮王朝実録　仁祖実録』には、清に対して黄金１００両・白銀１０００両、朝鮮人美女、牛、馬、豚など各々３０００などの20余種を毎年上納させられたと記されています。美女３０００（年間）という数字が一つの目安かと思います。

●「貢女」は２度おいしい支配のツール

「貢女」たちの多くは中国高官の性奴隷にされましたが、中には皇帝の目に留まり貴妃とされた例もありました。14世紀中期、高麗から「貢女」として送られ、元王朝最後の皇帝、順帝の皇后となった奇皇后はその代表です。奇皇后は元の皇帝の力をバックに、母国高麗の王位継承に干渉しました。また、奇皇后の兄の奇轍は高麗で取り立てられ、高麗王と並んで馬に乗ることができたとされます。

太宗と世宗の２代に仕えた韓確は妹を２人、「貢女」として送り、１人は明の永楽帝の側室となり、もう１人は宣徳帝の女官（事実上の妾）となります。明に強力な後ろ楯を持った韓確は明との交渉を一手に背負う外交官として、副首相（左議政）に出世し、明の意向を朝鮮の政治に反映させる責任者となります。韓確は女傑として有名な仁粋大妃の父としても知られています。

韓確のように、自ら進んで親族を「貢女」として差し出し、中国の皇族や高官の後ろ楯を得ようとする者も少なくありませんでした。彼らのような媚中派は朝鮮よりも、中国を優先して政治を行い、まるでスパイのように、中国に朝鮮の政治情勢の逐一を報告していました。

中国の支配は「貢女」を通じて、隅々にまで及んでいたのです。中国は「貢女」を食い物にする楽しみとその親族をスパイ化するという二重のメリットを得ていたと言えます。「貢女」は2度おいしい支配のツールだったのです。

朝鮮王も自らの廷臣でありながらも、媚中派を腫れ物にさわるように気を使いながら接しました。世宗は韓確が罪を犯した際も、彼を庇い、「韓確を罰することは誰にもできない」と言いました（『朝鮮王朝実録　世宗実録』より）。

●「愚民」のために文字を

世宗の時代は15世紀前半で、日本の室町時代中期にあたります。世宗は、本が大好きで、食事の際にも本を離さず、いつも読書をしていました。本を擦り切れるまで繰り返し読んだので、表紙が破れ、たびたび縫わなければならなかったと伝えられます。

図7－1　李氏朝鮮歴代王

	諡	名前	即位年	備考
1	太祖	李成桂	1392	1394年までは高麗国事。李芳果に譲位。
2	定宗	李芳果	1398	李成桂の次男。太宗に譲位。
3	太宗	李芳遠	1400	李成桂の五男。世宗に譲位後執政。
4	世宗	李忠寧	1418	太宗の三男。
5	文宗	李珦	1450	1436年から摂政。世宗の長男。
6	端宗	李弘暐	1452	文宗の長男。
7	世祖	李瑈	1455	世宗の次男。王位簒奪。首陽君。
8	睿宗	李晄	1468	世祖の長男。
9	成宗	李娎	1469	世祖の次男。
10	燕山君	李㦕[隆]	1494	成宗の長男。中宗反正で廃位。
11	中宗	李懌	1506	成宗の次男（異母弟）。晋城大君。
12	仁宗	李峼	1544	中宗の長男（毒殺？）。
13	明宗	李峘	1545	中宗の次男（異母弟）。
14	宣祖	李昖	1567	中宗の庶子李岹の三男。
15	光海君	李琿	1608	宣祖の庶子（次男）。仁祖反正で廃位。
16	仁祖	李倧	1623	宣祖の庶子定遠君の長男。綾陽君。
17	孝宗	李淏	1649	仁祖の次男。鳳林世子。
18	顕宗	李棩	1659	孝宗の長男。
19	粛宗	李焞	1674	顕宗の長男。
20	景宗	李昀	1720	粛宗の長男。
21	英祖	李昑	1724	粛宗の次男（異母弟）。
22	正祖	李祘	1776	英祖の次男荘献世子の長男。
23	純祖	李玜	1800	正祖の庶子（次男）。
24	憲宗	李奐	1834	純祖の長男孝明世子の長男。
25	哲宗	李昪	1849	英祖の次男荘献世子の次男の孫。
26	高宗	李熈	1863	英祖の次男荘献世子の三男の曾孫。1897年から大韓帝国皇帝。
27	純宗	李坧	1907	高宗の長男。1926年まで大日本帝国李王。

世宗は在位末期の1446年、訓民正音(フンミンジョンウム)を制定します。20世紀の日本統治時代に、訓民正音は朝鮮人によって、「偉大なる文字」を意味する「ハングル」と呼ばれるようになります。

朝鮮は漢字文化圏に属し、元々、朝鮮語には話し言葉があるのみで、文字はありません。そのため、文書や書籍など、文字は全て漢字で記されていました。当時、民衆の多くは漢字を読み書きすることはできず、これを哀れんだ世宗が表音文字の訓民正音をつくります。「訓民」は民に訓(さと)すという意味です。当時、発刊された『訓民正音』に、世宗自らが以下のような文を寄せています。

國之語音、異乎中國、與文字不相流通、故愚民有所欲言、而終不得伸其情者多矣。予爲此憫然、新制二十八字、欲使人人易習、便於日用耳。

我が国の語音は中国と異なり、文字と通じ合わない。故に愚民は言わんと欲する所有れども、その情を伸べられない者が多い。予(世宗のこと)は此れを不憫に思い、新たに二十八字を制定し、人人が簡易に習い、日用の便に役立つよう欲する。

『訓民正音』例義篇より

この文の中で、世宗は民のことを「愚民」と言っています。普通、どこの国でも王は民のことを「我が臣民」とか「善良なる民」などと表現するものですが、いきなり「愚民」と言い切り、バカにするのは例がありません。

朝鮮の身分制社会はインドのカースト制に匹敵するものです。しばしば、儒教の伝統で、身分の上下が峻別されるようになったと論じられますが、上位階級者が民衆を牛や豚のように扱う搾取社会を儒学が正当化しているようなことは一切、ありません。「目上の者に逆らうな」という儒学の訓辞を朝鮮人が勝手に拡大解釈して、差別の構造を作り出しているのです。

世宗が言う「愚民」という表現も、極端な階層社会とそれに拘泥する意識から自然と発生したものでしょう。

世宗は「奴婢従母法」という法令を施行しています。両班の男が奴婢を性奴隷にすることが多かったのですが、この法令により、いかに男が高位な者でも、子供は母の身分に従って奴婢になりました。世宗は「奴婢の血を引く者は奴婢」と一方的に断じ、両班階級が下の階級と交わるのを極度に嫌悪した差別主義者であったのです。その世宗が民衆たちのことを「愚民」と言い放つことは実に自然なことでした。

朝鮮で、奴婢はその子孫末裔に至るまで、「賤民戸籍」に登録されていました。この戸籍は公表され、一般人（朝鮮では、「良民」と呼ばれていました）が奴婢を識別できるようになっていました。奴婢には辛く厳しい仕事ばかりをさせました。虐げられた奴婢たちはしばしば、反乱を起こし、役所に押し入って、「賤民戸籍」を奪い、焼き払いました。

奴婢には、「官奴婢」と「私奴婢」の区別があり、前者は朝廷や役所が抱える奴婢で、後者は両班ら貴族階級が私的に抱える奴婢でした。

さらに、奴婢にさえなれず、賤民の中の最下位に位置づけられた「白丁（ペクチョン）」という被差別階級も存在しました。染料が高価であった時代、最下層の者は白い服しか着ることができなかったため、「白丁」と呼ばれたのです。

戦争で前線に立たされ、敵の首を何人か以上取れば、奴婢や白丁の身分から解放される「免賤」というシステムもありました。

●文字ではなく、発音記号

世宗による朝鮮文字の制定は明王朝の怒りを買いました。明の一部である朝鮮がわざわざ民族固有の文字を制定するのは、明に反逆する意図があるからだと捉えられたのです。明の軍事介入さえ招きかねない危機的な事態でした。

これに対し、世宗は「訓民正音は文字ではなく、漢字の素養がない民に発音を教える記号に過ぎない」と反論し、明に対する反逆ではないことを強調しています。「正字」ではなく、「正音」であるとの主張です。

ただし、これは明らかに方便です。世宗は民族文字を制定し、朝鮮人という民族意識を覚醒させて、いつの日か朝鮮が自立することを夢見て、その道標の第一歩としたかったのでしょう。彼らのいう「愚民」にわざわざ、便利に使ってもらえるように「発音記号」をサービスしただけとは考えられません。

●「小中華」とは何か？

ハングル制定に対し、文人官僚をはじめとする朝鮮人保守派も反発します。保守派は朝鮮が中国の一部であることで一流の文化を享受できると考えていました。彼らは朝鮮を「小中華」と位置付け、「中華」にできるだけ近付こうとし、また、自分たちが他の中国周辺の夷狄と比べ、最も「中華」に近く、同化しているとさえ思っていたのです。漢字を朝鮮の公用文字にすることで、中国と一体化し、「小中華」というアイデンティティを確立しようとしたのです。

「小中華」を振りかざす文人官僚ら保守派は「訓民正音」のような民族文字を制定す

れば、中国文化から切り離されてしまうと激しく憤りました。世宗の側近たちも文字制定に反発しました。

保守派はモンゴル人、チベット人、満州人、日本人などを例に挙げ、彼らが民族文字を持ち、中国文化圏の外に出たことによって、夷狄に成り下がったと世宗に訴えています。朝鮮は「小中華」という立場から、日本を周辺の蛮族と見下していました。

●ただ中華に遵う(したが)のみ

保守派の中には世宗に、「文字制定をするならば、自分を殺せ」と猛然と立ちはだかる者もありました。文字情報の独占を守りたい特権階級の両班からも、猛反発を受けます。

世宗は集賢殿(チッピョンジョン)という役所機構を創設します。これは高麗時代から続く成均館と同様の機構で、王直属の政治研究機関で、王の諮問機関でもあります。集賢殿に所属する大物官僚も少なくありませんでした。

世宗は科挙試験の合格者や優秀な学者を集め、集賢殿に配属し、訓民正音の作成に当たらせました。これらの作成実務者には、『高麗史』の編纂で有名な鄭麟趾(チョンインジ)などがおり、世宗自らも加わり、日本の仮名、西夏(せいか)文字、契丹(きったん)文字、女真文字などの文字を研究しました。

さらに、世宗が巧みであったのは崔萬理のような反対派の代表者を集賢殿副提学（副長官）に据えて、反対派の取り込みを図ったことです。崔萬理は元々、以下のように、世宗に訴えていました。

我朝自、祖宗以來、至誠事大、一遵華制
我々の王朝は太祖以来、大（中国）に事えることを至誠とし、ただ中華に遵うのみ。
豈不有愧於事大慕華
（民族文字を作ることは）事大慕華に於いて、愧になりはしないか。

身も心も中国に捧げた事大主義者の典型的な声です。世宗はこのように激しい反対を受けながらも、民族文字制定を断行しました。民族文字によって、民族意識を高揚させることが、朝鮮の利益になると判断したのです。この点において、世宗は不屈の精神を持った国王であったと評価してよいと思います。

●ハングルのその後

訓民正音の制定後、保守派や両班階級はこれを無視し、漢字を使い続けました。ハングルを「諺文(オンムン)」、つまり卑俗な文字と呼び、忌避したのです。また、学のない民衆や女子供が使う文字として「アムクル（女文字）」、「アヘグル（子供文字）」とも呼ばれ、蔑まれました。

しかし、貴族階級や支配層がハングルを全く使わなかったわけではありません。彼らは詩歌や書簡のやり取りなどにハングルを用いました。法令の公布には、普及に有利なハングルがよく使われました。

１５０４年、燕山君(ヨンサングン)（第10代国王）の暴政を批判するハングルの張り紙が各地で出回り、燕山君はハングルを禁止してしまいました。ハングルの教育も禁止され、ハングルの書物は焼かれました。

この禁止は一時的なもので、その後も、ハングルの使用は続きます。しかし、朝鮮には学校というものがなく、教育を受けていない民衆はハングルでさえ、読み書きできませんでした。

●福沢諭吉がハングルを復活させたというのは本当か？

19世紀後半、朝鮮の独立を守る運動と結びつき、ハングル文字が定着しはじめます。それでも未だ、公文書や書籍、新聞などでは漢字が使われていました。福沢諭吉は、朝鮮人が漢字の新聞を読めないことが近代化や国際情勢から取り残されている大きな原因となっていると考え、ハングルで新聞を刊行すべきと提案します。

その際、福沢は日本語の「漢字かな混合スタイル」を朝鮮語にも適用し、「漢字ハングル混合スタイル」である「国漢文」を考案しました。

そして、福沢の提案を実行したのが慶應義塾の門下生の井上角五郎（いのうえかくごろう）でした。井上は朝鮮で１８８６年、『漢城周報（ハンソンチュボ）』を刊行しました。この新聞では、漢文、国漢文、ハングルだけの文の3種類が併用記載されました。朝鮮の新聞でハングルが初めて使用されたのです。

ところが、この『漢城周報』でさえ、朝鮮の民衆には難解だったようで、普及せず、発行部数は３０００部に留まりました。特に、福沢の考案した「国漢文」は漢文下し読みを基礎としているために、漢文の素養がなかった庶民には理解されなかったのです。結局、『漢城周報』は赤字経営のため、僅か2年で廃刊となります。

日本の保守識者がよく「福沢や井上がいなければ、現在のハングルはなかった」と

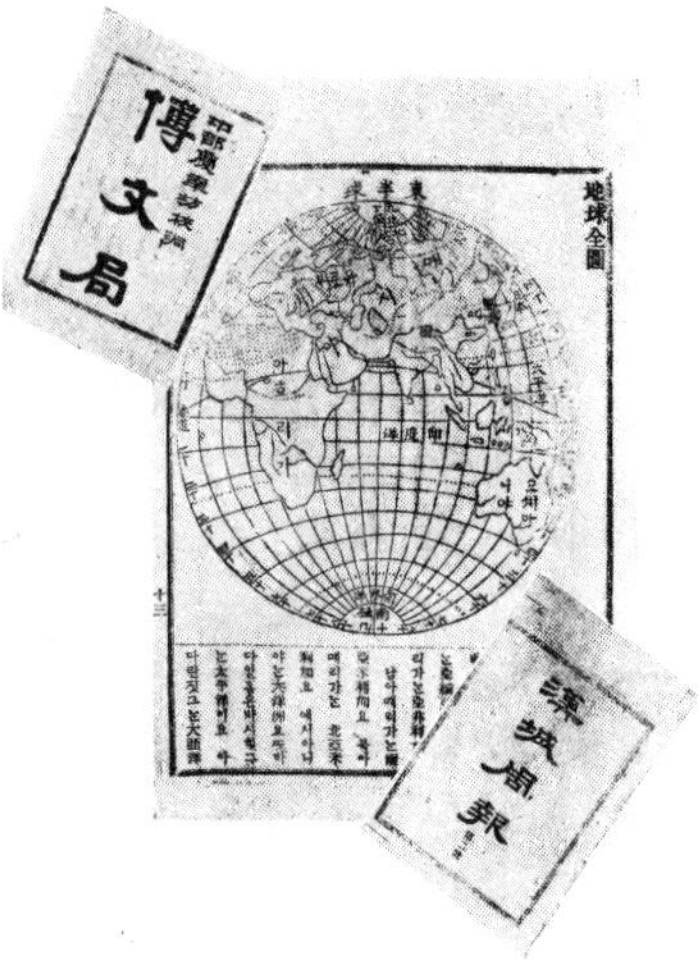

図7−2　『漢城周報』に掲載された世界地図の解説

主張しますが、これは言い過ぎでしょう。福沢や井上以前に、既に朝鮮ではハングルの使用が広がっていました。

ただ、ハングルを新聞にも使うべきとする福沢や井上の意志や努力はその後、ハングルで書かれた『独立新聞』が創刊されるなど、ハングルの広範な使用に結実していったということは言えるでしょう。

●漢字を読めない韓国人

また、１８９４年、公文に国文（ハングル）を使用することを法令で定め、公文書にハングルが使用されるようになります。

１９１０年の日韓併合以降、日本の統治行政府である朝鮮総督府が現地で最も力を入れたのが、学校の創設でした。1912年、「普通学校用諺文綴字法（おんもんていじほう）」が制定され、ハングルの表記法・文法が統一されます。さらに、ハングルの用法について、朝鮮の研究者と共同研究が積み重ねられて、1930年、「正書法諺文綴字法」が制定され、現代ハングルの体系が完成します。この頃には、朝鮮人の識字率が急改善し、読書の習慣が広がっていきました。

因みに「ハングル」という名称は、朝鮮の言語学者の周時経（チュシギョン）が1913年にこれを使いはじめたことから、一般化します。

世宗の時代以来、李氏朝鮮が約500年かけてできなかった民族文字の普及確立を日本の統治行政が完成させたことについて、正しく評価されるべきだと思います。

日本の統治時代、学校では、ハングルとともに漢字・漢文も教えられていました。そのため、福沢諭吉が考案した「漢字ハングル混合スタイル」である「国漢文」が新聞や書籍などで使用されました。

しかし、戦後、大韓民国は1948年の建国と同時に、反日・反中政策の一環として「ハングル専用法」を制定し、漢字教育を禁止します。こうして、漢字を読めない現代の韓国人が生まれるのです。

第八章　秀吉出兵、名ばかりの中国援軍

明、李氏朝鮮

●韓国の加藤清正像

2017年12月20日、釜山（プサン）の北側に位置する蔚山（ウルサン）市の中央部にある鶴城（ハクソン）公園に、加藤清正像とともに、加藤が戦った朝鮮将軍の権慄（クォンユル）像、明国将軍の楊鎬（ようこう）像を建設する計画がありました。蔚山中区区役所が計画していた案です。

加藤ら3人の将は1597年の慶長の役において、現地の蔚山城で戦いました。この蔚山城の跡が鶴城公園で、当時の戦いを再現するため、3人の将の像を建設する計画でした。この計画に対し、蔚山中区区役所のホームページや電話に、批判の声が殺到しました。

民主党蔚山市党も計画を非難し、「鶴城公園は加藤清正に殺された多くの朝鮮人の怨念がこもっている歴史的現場であり、清正像の設置は市民感情からも許されない」という内容の声明を発表しました。これらの批判を受け、蔚山中区区長は像の建設計画を白紙撤回しました。

銅像について、朝鮮の権慄と明国将軍の楊鎬は騎馬像で城を攻める姿であるのに対し、清正像は「城内で孤立し水と食糧不足に苦しむ姿」にする計画でした。10億ウォン（約1億円）の予算を投じて、像を建設し、周辺環境を整備し、観光客を呼び込もうとするプロジェクトだったようです。プロジェクト名は「鶴城ルネサンス都市景観造成事業」です。

像の建設計画が頓挫したことは残念なことだと思います。たとえ、清正像が苦しむ姿であったとしても。

朝鮮の権慄と中国の楊鎬は元帥として中心的な役割を担ったにもかかわらず、その失態があまりにも大きかったためか、韓国では、あまり大きく扱われません。

代わりに、少々功績のあった李舜臣（イスンシン）の銅像を各地に建て、彼を過大評価して前面に押し出しています。しかし、この度、蔚山で権慄と楊鎬の像が建てられれば、否（いや）が応でも、当時の朝鮮・中国連合軍のズサンさが表に出ざるを得ないだろうと思い、歴史を再検証するにはよい機会になるのではと、にわかに期待しましたが、実現しないということです。

●馬の血を飲んで

朝鮮の将軍の権慄は日本軍の侵攻に対し、戦わずして逃げまどい、明軍をあてにしていました。部下が攻勢に出ないからといって、むち打ちの刑に処し、無理やり、前線に送り、部隊を潰滅させています。明の楊鎬は加藤に大敗したにもかかわらず、勝利したとウソの報告を朝廷に送る奸臣（かんしん）で、明王朝の末期症状を象徴する指揮官でした。

蔚山市中央部にある鶴城公園、今にも崩れ落ちそうな城壁（著者撮影）

　蔚山城跡の鶴城公園は小高い丘になっており、丘の上に、かつて城が築かれていました。丘を明・朝鮮連合軍５万７０００がグルリと囲み、加藤らは水源を絶たれてしまいます。南に太和江（テワガン）が流れていますが、川に近付こうと城を出た兵は殺されました。加藤らは馬を殺し、その血を飲んで渇きと飢えをしのぎました。

　籠城して10日後、ようやく毛利秀元と黒田長政の援軍が駆け付け、加藤らは士気を取り戻し、明・朝鮮連合軍を散々に蹴散らします。毛利軍と加藤軍に挟み撃ちにされて、逃げまどう明・朝鮮連合軍は次々と討ち取られ、死屍累々（ししるいるい）となりました。

　蔚山城跡は日本と中国・朝鮮の国際戦争の戦場跡であり、この近世の大戦争があった地を韓国が観光資源として活用しようとするのは当然でしょう。

　現在、城は跡形もありませんが、城壁が随所にかなり残っています。鶴城公園は「地方文化財」に指定されていますが、国の重要文化財ではないため、保存維持の予算はほとんどつきません。城壁は崩れたままで、修復もされず、土や草に埋もれ、劣悪な状態に晒されています。

全体に寂れ果てていて、訪れる人はほとんどいません。「地方文化財」の指定を外し、城壁を取り壊して、再開発しろという声もあります。それでも、現地の市民有志が草取りや土ならしなどをして、なんとか城壁の形だけはとどめています。

●朝鮮通信使、2人の異なる報告

豊臣秀吉の朝鮮出兵は、日本で「文禄・慶長の役」と呼ばれ、朝鮮で「壬辰（クムジン）・丁酉（チョンユ）の倭乱」と呼ばれます。

秀吉は開戦の2年前の1590年、朝鮮国王に宛てて、国書を送っています。そこには以下のようなことが書かれていました。

予入大明之日、将士卒臨軍営、則弥可修隣盟也

予（秀吉）は大明に入る日（太陽）だ、士卒を将（ひき）いて軍営に臨まんとす、則ちますます繁栄すべく（朝鮮は我々と）隣国同盟を結ぶべきだ。

秀吉は朝鮮に対し、我が軍門に降(くだ)れと要求しています。拒めば容赦しないとする内容でした。秀吉は主に琉球（沖縄）から明の情報を得ていました。琉球は明に朝貢していたため、明の情勢に通じていました。明の朝廷内で派閥争いが生じていること、極端な財政難に陥っていること、皇帝が酒色に溺れ、寵姫の偏愛によって後継者争いが起きたことも把握していました。朝鮮については、対馬の領主の宗義智(そうよしとし)から情報を得ています。対馬は朝鮮と貿易関係を持っていました。

秀吉の国書を受け取った朝鮮の通信使は朝鮮に戻り、王に報告しました。国書を読んだ宣祖(ソンジョ)（第14代王）は激怒します。通信使は2人いました。1人の通信使は「日本は必ず攻めてくる」と報告したのに対し、もう1人の通信使は「そんな大袈裟な話をするな」と横槍を入れて、口論となりました。

当時の朝鮮の宮廷では官僚たちが東人派と西人派に分かれて、党争を繰り返していました。2人の通信使のうち、「日本が攻めてくる」と言った方が西人派で、「大袈裟な話」と言った方が東人派でした。党派争いで東人派が優位であったため、後者の通信使の意見「大袈裟な話（＝日本は攻めて来ない）」が通りました。彼らは目先の党争に翻弄され、事実を見ようとはしなかったのです。

●なぜ、戦争はないと考えたのか？

そして、朝鮮では、戦争の準備はほとんど行われませんでした。太祖（李成桂）の建国以来、朝鮮は明の一部であるという隷属の思想が200年間も続き、それが体に染み付いていたので、「朝鮮に手を出すことは明に歯向かうこと、日本のような小国がそんなことをできるわけがない」とタカを括っていたのです。「小中華」を自任する朝鮮にとって、日本は野蛮な国で、しょせん取るに足りないと考えていたのです。

朝鮮が頼みの綱としていた明は朝鮮の危機にどう対応したのでしょうか。当時の明は万暦帝（第14代皇帝）の時代で、国力は衰退期に入っていました。万暦帝は宰相の張居正の手腕により、税制改正、財政改革等で、「万暦の中興」と呼ばれる成果を挙げていました。

しかし、明も朝鮮と同じく、官僚たちが党派争いに明け暮れていました。万暦帝は次第に政治に嫌気が差し、酒色に溺れて後宮にこもり、朝政の場には出て来なくなりました。

その万暦帝が日本の朝鮮侵攻の報告を聞いた時、突然、朝議に現れ、大臣たちを驚かせたと言います。そして、毅然として、朝鮮に援軍を派遣せよと勅命を下しました。やはり、万暦帝は中国の一部である朝鮮への侵攻を自国に対する侵犯と捉え、看過しなかったのです。

●ケチな中国の援軍

しかし、皇帝が威勢良く勅命を下した割には、その援軍はお粗末なものでした。明のような大国がたった5万の兵しか派遣しなかったのです。これは16万の日本軍に対して、充分な兵力ではありません。しかも、明の派遣軍の兵糧の負担は朝鮮側持ちというケチぶりでした。

中国は日頃、朝鮮の宗主国と威張り散らしているにもかかわらず、いざという時には、この程度の支援しかせず、まるで他人事でした。中国は自分の都合の良い時だけ「中華」を振りかざします。

日本側は朝鮮出兵に際し、明がどこまで朝鮮を支援するかということが当初、議論の的となっていました。小西行長などの慎重派は、明の大規模な介入の可能性を想定し、朝鮮征服は簡単ではないと主張していました。小西は明と朝鮮の宗属関係を重く見たのです。

一方、加藤清正ら主戦派は明の介入は限定的であると考えました。加藤は武人特有の嗅覚のようなもので、事態を観測しました。結局、加藤の読みが当たっていました。

また、明軍はケチな上に悪辣でした。朝鮮は明の莫大な兵糧の要請に応えられませんでした。そのため、明軍は兵糧調達と称して、朝鮮で手当たり次第、略奪しました。

●逃げまどう朝鮮王

1592年、開戦と同時に、小西行長や加藤清正らに率いられた日本軍は朝鮮軍を次々に打ち破り、破竹の勢いで、朝鮮全土を制圧しました。

朝鮮の兵は貧弱でした。200年間も戦（いくさ）がなかったため、兵たちは戦い方を知らなかったのです。これに対し、日本兵は戦乱で鍛え上げられた強者たちで、向かうところ敵なしでした。日本兵は1人で朝鮮兵を数十人、斬り殺したと言い伝えられています。また、朝鮮の武器は粗悪品でした。朝鮮の刀は日本刀とかち合わせるとボロボロと折れてしまうほどでした。朝鮮兵は日本兵を見ると恐れおののき、将軍たちも我先に逃げたのです。

そして、開戦からたったの21日で都の漢城（ソウル）を落とし、さらに北上し、平壌（ピョンヤン）も落とします。

これほど、短期間で首都が陥落したのには理由があります。第1に、朝鮮では、水軍がほとんど整備されていなかったため、日本軍は難なく釜山に上陸することができました。

第2に、朝鮮の主力軍（中央軍）を率いた将軍の申砬（シンリプ）が愚かな判断をしたことが挙げられます。釜山（プサン）・慶州（キョンジュ）・大邱（テグ）などの南部主要都市が次々と攻め落とされ、日本軍が北上していく状況で、漢城（ソウル）から申砬が中央軍数万（兵力は不詳。諸説あり）を率いて南下し、日本軍を食い止めようとしました。

日本軍の第1軍を率いていたのは小西行長（副将は対馬の宗義智）でした。小西たちは朝鮮中部の忠州（チュンジュ）へ入るために、鳥嶺（チョリョン）という険しい峠を越えなければなりませんでした。申砬軍の諸将らは「鳥嶺は東南第一の天険であり、これを固守して敵を防ぐべき」と主張していました。勢いのある日本軍を防ぐのは峠で待ち伏せするゲリラ戦法が有効と考えたのです。

しかし、申砬はこの戦法を聞き入れませんでした。申砬は戦の形式にこだわり、歩兵が主力の日本軍を、騎兵が主力の朝鮮軍で叩くのは、狭い地形の峠ではなく、広野で迎撃するべきと主張しました。そして、申砬は鳥嶺を守る兵士を忠州に呼び戻し、この要害を自ら放棄したのです。

小西は鳥嶺を通る時に、「敵将愚かなり。もし、ここで伏兵に会えば、我が方はひとたまりもない」と述べています。

中砬は忠州市付近の弾琴台の平原で陣を敷き、小西軍を待ちました。中砬の騎兵軍が突撃してきますが、小西軍の敵ではありませんでした。小西軍は火縄銃で、襲い掛かって来る騎兵を次々となぎ倒します。この時、小西のとった戦法は、かつて織田信長が長篠の戦いにおいて、三列構えで銃を途切れなく連射し、武田の騎馬軍を倒した戦法と全く同じでした。

図8－1　日本軍進軍ルート

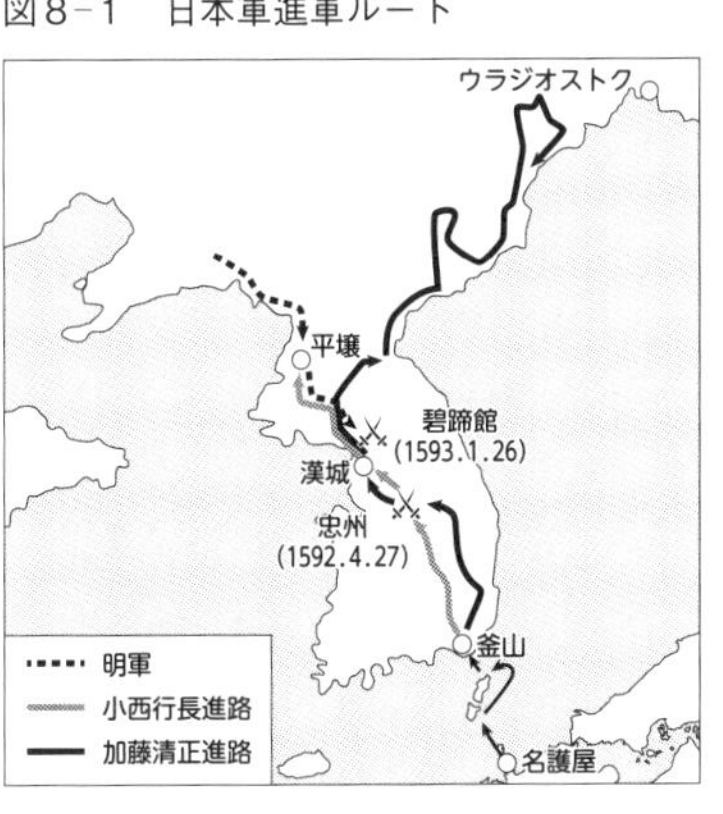

朝鮮はこうした日本軍の戦い方をほとんど知らず、無謀にも騎兵を突撃させて、無駄死にさせたのです。敵情を探る諜報という視点が朝鮮にはありませんでした。「忠州の戦い」と呼ばれる、この戦いで朝鮮の主力軍は僅か半日で全滅しました。中砬は自害します。

明の将軍の李如松は後に、この忠州の戦いを分析し、「中砬の無謀が決定的な敗因となった」と述べています。

この敗報を聴いた宣祖は民を捨てて、漢城

から平壌へ逃げ、さらに平壌から中朝国境の義州（ウイジュ）へ逃げました。民は逃げまどう国王に白い目を向けました。義州も安全ではないことがわかると、宣祖は明へ亡命しようとしました。しかし、大臣の柳成龍（リュソンニョン）が「朝鮮を一歩離れれば、朝鮮を失ってしまう」と反対しました（柳成龍『懲毖録（チンビロク）』より）。

●李如松はウソの手柄を報告するために

日本軍が平壌を制圧した頃、明の援軍がようやく到着しました。しかし、明軍は元々、朝鮮のために命を懸けて戦う気などなく、平壌郊外で日本軍と戦う度に敗退しました。

そこで、明は策略を巡らし、小西行長に休戦交渉を持ちかけます。明の提督の李如松はこの間、平壌城を5万の軍勢で包囲。罠にかかった日本軍は包囲を脱し、漢城まで撤退しました。

そして、南下してくる明軍を日本軍が迎撃（碧蹄館（ビョクジェグァン）の戦い）し、明軍に大打撃を与えます。提督の李如松を討ち取る一歩手前までいきましたが、惜しくも逃しました。明軍は平壌まで退却しました。以降、戦線が膠着（こうちゃく）します。

これを境に、朝鮮の民衆たちが義兵集団を組み、各地で日本軍に奇襲を仕掛けてきました。民衆の抵抗が思ったよりも強く、いつ、どこから襲ってくるかわからない敵に日本軍は苦しめられたのです。

ところで、提督の李如松はあくどい人物でした。平壌を占領した李如松は朝鮮の民衆の頭を切り落とし、それを日本兵のものと偽って、自らの戦果として本国に報告しました。その際、朝鮮の民衆の頭を日本兵に見せるため、前髪を刈り取っています。『朝鮮王朝実録　宣祖実録』では、明の平壌占領で1万人の朝鮮人が死んだという記述がありますが、戦死した者ではないでしょう。日本軍は平壌から速やかに撤退し、大した戦闘もなかったからです。この人数の大半は、李如松がウソの手柄を報告するために、明軍によって首狩りをされた朝鮮人たちと見るべきです。李如松の首狩りは明軍でも問題視され、調査官が派遣されました。

日本軍も残酷でした。柳成龍『懲毖録』によると、日本軍は討ち取った明や朝鮮兵士の鼻を削いで、手柄の報告を秀吉にしていました。ただし、日本軍は李如松のような偽装をしていたことはなかったようです。

●泣いて許しを請うた朝鮮の大臣

日本軍は短期間で一気に北上し、補給線が長く延びたため、兵糧供給が追い付きませんでした。勝手のわからない朝鮮の地で、日本軍は簡単に部隊との連絡を取れず、基本的に、兵糧を現地調達するしか方法がありませんでした。つまり、略奪です。そして、日本軍が各地で略奪すればするほど、現地の民衆の抵抗を強く受けるという悪循環に嵌まっていきます。

当時の朝鮮は田畑が整備されておらず、食糧供給が極めて乏しかったのです。朝鮮の王朝は田畑を荒れ放題で放置しており、民衆の大半は飢えていました。

食糧の欠乏は「現地調達」に頼っていた明軍も同じでした。明軍5万の兵糧を調達するのは前述のように、朝鮮側の任務でしたがそれを果たすことなど、元々、不可能でした。

これに対し、李如松は「約束が違う」と激怒し、柳成龍ら朝鮮の大臣を呼び出し、跪かせ、怒鳴りつけました。柳成龍たちは泣きながら、李如松に許しを請うたといいます。そして、益々、朝鮮は民衆から食糧を強制徴集したため、餓死寸前に追い込まれた民衆が反乱を各地で起こし、日本軍も巻き込まれたのです。

朝鮮において、日本軍にとっても、明軍にとっても、最大の敵は飢餓だったのです。

●明にすがっているだけ

明軍は平壌を奪還したということ以外に、日本軍に打撃を与えることはほとんどありませんでした。日本軍は明軍との戦いに苦しめられたのではなく、朝鮮民衆のゲリラ襲撃に苦しめられ、補給も行き届かず、進退に窮しました。

日本軍が補給ルートを整備し、略奪を控え、朝鮮民衆の貧困を救済する措置を講じながら、ゆっくりと戦線を拡大していけば、元々、民衆の支持を失っていた朝鮮王朝は脆（もろ）くも崩壊し、自然に日本の支配を実現することができたでしょう。

一方、海上では李舜臣（イスンシン）の朝鮮水軍が日本船を襲い、日本の海上補給ルートの安全が脅かされる事態となっていました。日本軍は釜山港を押さえ、対馬と繋がり、連絡を保っていました。しかし、李舜臣は度々、日本水軍に側面から攻撃し、打撃を与えていました。

朝鮮では一般に、朝鮮の水軍を率いた李舜臣により、日本の海上補給ルートが完全に遮断されたと言われますがそうではありません。これは彼の活躍を誇張したい民族的感情によって脚色されたものです。

１５９４年、一旦停戦が成立しましたが、日本軍は朝鮮南部に城を築き、態勢を立て直し、１５９７年、再び開戦、慶長の役となります。この時、明は楊鎬（ようこう）を総司令官とする約9万（諸説あり）の援軍を送り、本格介入します。朝鮮民衆の抵抗も激しくなり、日本軍の苦戦が続きます。前述の「蔚山城の戦い」などを経て、1598年8月の秀吉の死去に伴い、日本軍は朝鮮から撤退します。

この間、明は朝鮮の意向を一切無視し、一方的にものごとを決め、朝鮮も明の決定に口を挟むことなく、ただ明にすがっているだけでした。

●ヨーロッパに売られた朝鮮人

日本軍はこの戦争で、多数の朝鮮人捕虜を日本へ連行しました。当時の朝鮮では、陶磁器製造の高い技術が中国から直接に伝わり、優秀な陶工たちがたくさんいました。千利休も、朝鮮の陶磁器を高く評価しています。

日本軍は朝鮮人陶工を捕虜として連れ帰ります。司馬遼太郎は『故郷忘じがたく候』（文春文庫）で、日本に連行された朝鮮陶工の子孫について書いています。

朝鮮人捕虜はポルトガル人の奴隷商人に転売されて、遠くヨーロッパまで連れて行かれる場合もありました。17世紀に活躍した画家ルーベンスは『韓服を着た男』という素描を描いています。高麗大学の教授崔官（チェグァン）や釜山大学教授郭次燮（クァクチャソプ）は、この人物が朝鮮で日本軍に捕らえられた捕虜ではないかと見ています。

ルーベンスが描いた「韓服を着た男」

絵の人物がかぶっている帽子は朝鮮の貴族階級の冠帽、方巾（バンゴン）で、服は当時の朝鮮の一般着の天翼（チョルリク）と見られています。人物の顔はモンゴル系の特徴を備えており、西洋人とは明らかに異なります。

当時のイタリア商人フランチェスコ・カルレッティの記録によると、カルレッティは長崎でこの捕虜を買い、イタリアに連れて来ました。この捕虜はアントニオ・コレアと名付けられます。カルレッティは１６０６年、ローマに住んでいました。前述の崔官や郭次燮の両教授は、ルーベンスが１６０５年11月から１６０８年10月にかけてローマを訪問したという記録などを根拠に、ルーベンスがこの期間、カルレッティの使用人となっていたアントニオに会ったと考えています。そして、描かれたのがこの絵であると。

１９８３年、ロンドンのクリ

スティーズ社のオークションにおいて、ドローイング部門史上最高値の32万4000ポンドで、ロサンゼルスのゲティ美術館が競り落とします。韓国の史家のみならず、欧米の史家も、この人物がヨーロッパの地に足を踏み入れた最初の朝鮮人アントニオ・コレアである可能性が高いと見ています。

第九章　野蛮人にひれ伏す朝鮮王

明〜清、李氏朝鮮

●それでも朝鮮は「再造の恩」と言い、明に追従した

文禄・慶長の役で、明軍は日本軍と戦えば負けました。朝鮮も明軍の弱体ぶりを認識しましたが、それでも明に追従するのを止めません。

朝鮮は滅亡の危機を明に救ってもらったとして、「崇明」の念を新たにします。明軍が朝鮮で行ったことは略奪と強姦に過ぎませんでした。それを朝鮮は「再造の恩」（再び造られた恩の意）と呼び、変わらぬ忠誠を誓ったのです。

どこまでお人好しなんだと思われるかもしれませんが、「隷属の心理」に陥った者は自分が隷属していることの自覚さえなく、崇め奉る対象を失うことに恐怖さえ感じ、敢えて、そこから逃れようとはしません。

当時の明王朝は最早（もはや）、国家の体（てい）を成していませんでした。文禄・慶長の役を含む「万暦の三征」と呼ばれる周辺各地の戦乱鎮圧で、多額の軍費を使い、財政は破綻していました。明の衰退に際し、朝鮮が独立するには好機でしたが、「小中華思想」に基づく「崇明」に縛られ、独立という考えすら持つことはなかったのです。

こうした意味において、思想というものの力はしばしば、数百万の軍隊以上であり、明は巧みにこれを利用し、朝鮮を操っていたのです。

●分断統治

朝鮮は崇明に固執するあまり、情勢の変化に対応できず、朝鮮が夷狄（野蛮人）とする満州人に屈辱を強いられ、朝鮮王は満州人に土下座してひれ伏すことになります。それに至るまでの経緯を順を追って見ていきましょう。

北方で、女真族の後金（後の清）が台頭していました。女真族とは満州人のことです（詳細は第二章参照）。

明は女真族を部族ごとに分断統治し、彼らが一致結束しないよう、巧みにコントロールしていました。一つの部族が台頭すれば、他の部族に交易の利権を与え、強大化した部族に重税をかけるなどして、それぞれの部族の力が均衡するように仕向けたのです。

明のこうした分断統治を覆した人物が明末期の将軍の李成梁（りせいりょう）でした。李成梁は文禄の役で、明軍を率いた提督の李如松の父です。李成梁は1570年、遼東鉄嶺衛（遼寧省鉄嶺）の総司令官に任命されました。中国の遼寧省には、今日でも朝鮮人が多く住んでいますが、李成梁もやはり朝鮮人でした。ただし、朝鮮人と言っても、彼らに朝鮮人としての自覚はなく、朝鮮王朝と親密であったわけではありません。

李成梁の主な任務は女真族に対する防衛・統治でした。当時、明は女真族を抑える

図9−1　遼東・朝鮮北部

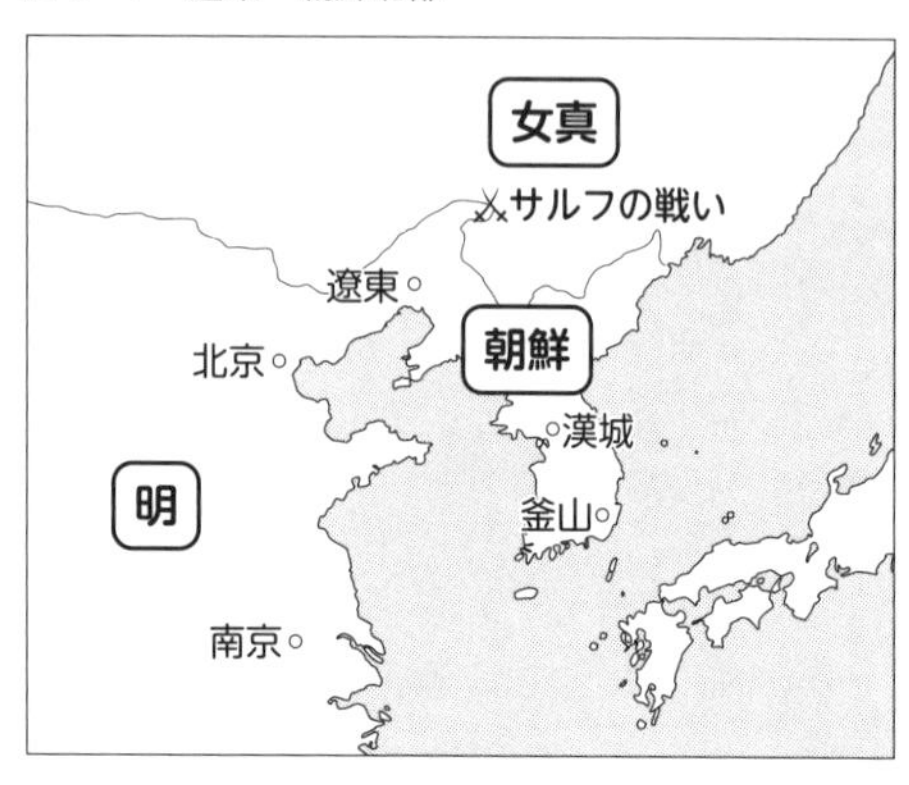

力を事実上、失っていました。そこで、李成梁は分断統治を改め、自分の言うことをよく聞く部族を育てて、この部族に女真族全体の統治を任せるという手法に切り替えます。これは後々、明にとっての命取りになる方向転換となるのですが。

●剛腕のドンと部族長の駆け引き

李成梁に取り立てられた部族長が満州南部の建州部族のヌルハチ（努爾哈赤）でした。ヌルハチは李成梁にせっせと賄賂を贈り、巧みに取り入りました。見返りに、ヌルハチは明から交易権を与えられて、女真族の中で抜きん出た存在となり、各部族を統一していきました。

ヌルハチの父や祖父は明に殺されていま

す。ヌルハチは明に恨みを抱いていましたが（後に「七大恨」として布告）、未だ、本心を隠し、明や李成梁に帰順しながら、機会を虎視眈々と狙っていました。

李成梁はカネに汚い男で、汚職で何度も弾劾されて罷免されますが、しばらくして再び任官されました。遼東は女真族や朝鮮、中国の各勢力が交錯する地域でした。そのため、複雑怪奇な政治模様を呈しており、李成梁のような剛腕のドンがいなければ、結局まとまらなかったのです。

ヌルハチにとって、大きなチャンスが訪れます。文禄・慶長の役です。日本軍の襲来で明は朝鮮情勢への対応を迫られ、李成梁の子の李如松が朝鮮に派遣されます。この期間、ヌルハチは一気に女真族・満州の統一を進め、来るべき明との決戦に備えました。

●朝鮮は女真族を「オランケ」と呼んだ

１６１５年、遼東のドン・李成梁が死去し、遼東地域の政治バランスが大きく崩れます。翌年、ヌルハチは王の位を意味するハン（汗）位に即き、国号を後金と定め、明から独立します。そして、父や祖父が明に殺されたことをはじめとする「七大恨」を掲げ、明討伐を打ち出しました。

明は激怒しました。女真族のごとき野蛮人が明に逆らうなど、あってはならないことでした。隣国の朝鮮の反応はどうだったのでしょうか。本来ならば、周辺民族の自立強大化に、同じ立場の朝鮮も勇気づけられ、朝鮮自立の好機として女真族と協調していくのが道理でしょう。しかし、朝鮮は前述のように「小中華思想」が邪魔をして、明に同調したのです。

朝鮮は女真族を「オランケ」（朝鮮語で野蛮人という意味の蔑称）と呼びましたが、実は李氏朝鮮王朝の創始者の李成桂（太祖）は女真族を政権基盤にしていました（第六章参照）。当初、政権の中枢、支配者層にも多数、女真人がいました。ところが200年経った17世紀には、元々の女真族の血筋が意識されなくなり、また、隠されてきたこともあり、本来同族の朝鮮と女真が切り離されていきます。

朝鮮人は自らの民族としてのルーツをきちんと顧みることをせず、女真族を野蛮人扱いにし、自分の祖先に唾していることに気付かなかったのです。

1619年、明はヌルハチ討伐の大軍を編成します。これは40万を越える大軍でした。文禄の役で5万、慶長の役で9万という派遣軍の規模と比べれば、明の怒りの大きさがわかります。総大将は、慶長の役で加藤清正らに追い詰められた楊鎬です。李成梁の次男の李如柏も将軍として加わっていました（長男の李如松は1598年に死去）。

そして、朝鮮は明に1万3000の援軍を送りました。

●揺らぐ「小中華思想」

楊鎬率いる40万の大軍は見かけ倒しで、兵士たちは俸給もろくに支給されておらず、明のために戦う気などありませんでした。

こうして、ヌルハチが本拠にしていたヘトゥアラ（現在の遼寧省北部の撫順市）の郊外サルフで、明軍と後金軍が激突しました（サルフの戦い）。後金軍は5万～6万程度の兵力で圧倒的に不利でしたが、砂塵に身を隠した巧みな陽動作戦と、騎馬部隊による奇襲作戦で、明の大軍を撹乱することに成功し、大勝しました。朝鮮軍1万3000は後金軍に包囲され、戦わずして降伏しました。

明が夷狄に大敗したことは朝鮮にとって驚天動地であり、朝鮮の文人官僚たちはパニックに陥りました。

しかし、国王の光海君（李氏朝鮮15代王）はこの事態に冷静に対応しました。燕山君と同じく暴君とされる光海君ですが実態は聡明な人物であったとされます。光海君はサルフの戦い後、明と後金の両方から距離を置き、中立外交を展開しました。

●墓穴を掘る親明派

ところが、光海君に敵対する仁穆大妃（インモクテビ）の党派の西人派が「小中華思想」を振りかざし、光海君の中立外交に真っ向から反対します。光海君は文禄・慶長の役で荒廃した朝鮮を立て直すために様々な改革を試みます。しかし、既に財政が破綻しており、文禄の役で焼失した景福宮も放置されるほど、王室は困窮していました（因みに、日本軍が景福宮を焼いたのではなく、朝鮮民衆が略奪放火した）。

光海君は有効な対策を打つことができず、摩擦のみが生ずるばかりでした。光海君は味方であった大北派（東人派の分派の一つ）からも見放されていきます。大北派の党人の中には元々、「小中華思想」に凝り固まった者も多く、光海君の中立外交に反発を抱いていました。

光海君は現実の見えていない臣下たちを抱え、孤軍奮闘だったのです。1623年、西人派を中心とした勢力は仁穆大妃と光海君の甥の綾陽君（ヌンヤングン）を担ぎ出し、「仁祖反正」と呼ばれるクーデターを起こしました。

光海君は廃位されて、江華島（カンファド）へ流されます。綾陽君が第16代王の仁祖（インジョ）として、擁立されました。西人派は外交を親明路線に戻し、時代の流れにわざわざ逆らうことをして、墓穴を掘っていくのです。彼らは「光海君憎し」の感情を優先させ、光海君の

図9-2　派閥対立と外交方針

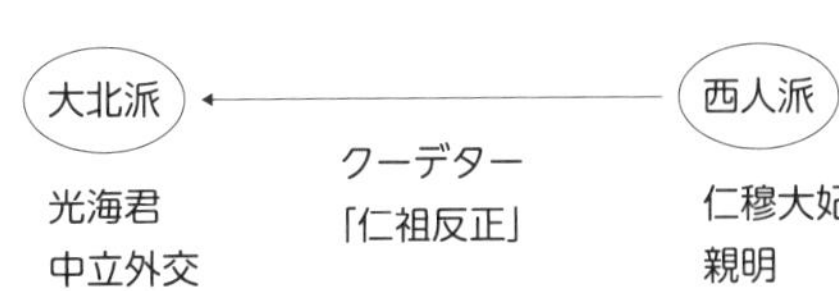

とっていた現実路線をも否定しました。

●丁卯胡乱

後金では、1626年、ヌルハチが死去し、八男のホンタイジ(皇太極)が後を継ぎます。ホンタイジは、明と直接対決する前に、モンゴルと朝鮮を制圧しようとしました。

西人派は親明を掲げ、女真族と戦うことを宣言しますが口先だけで、いざとなると全く行動が伴いませんでした。

ホンタイジが1627年、軍を朝鮮討伐に向かわせると、まず、遼東を守る明軍が蜘蛛の子を散らすように逃げました。後金軍は鴨緑江を越え、朝鮮はまともな抵抗もできず、あっさりと平壌を占領されます。朝鮮は後金の提案した和議に応じ、後金を兄、朝鮮を弟とする兄弟の盟約を結びます。この一連の出来事を丁卯胡乱(ていぼうこらん)と呼びます。

後金が和議を提案した理由は、彼らはモンゴルとの戦いを同時に進めており、そちらの方へ兵力を回す必要があったためです。

弱小の朝鮮など、いつでも片付けることができるという判断でした。

モンゴルとの戦いに専念したい後金は朝鮮に多くを押し付けませんでした。国境地域の一部領土割譲と交易を求めるに止まりました。

●野蛮人排撃の大合唱

それでも「喉元過ぎれば熱さ忘れる」で、また朝鮮人官僚たちが口先だけの野蛮人批判をはじめます。丁卯胡乱で、女真族と和議を結んだのは明に対する裏切りになる、今からでも野蛮人との和議を破棄すべきだとする意見が相次いだのです。この期に及んでも、朝鮮は自分たちの置かれている状況を理解していませんでした。

ホンタイジは内モンゴルのチャハル部を平定し、1636年、後金を改めて、国号を中国風に清(しん)とし、皇帝に即位します。首都は遼東の瀋陽(しんよう)に置かれました。ホンタイジはこれまで兄弟の関係であった朝鮮に対し、君臣の関係を認めるように迫りました。

この要求に対し、朝鮮の廷臣たちは激怒します。自らの実力を顧みず、時代遅れの「小中華思想」で夷狄を蔑視する偏見に取りつかれ、野蛮人排撃の大合唱の下、清に宣戦布告します。

1636年、ホンタイジは自ら10万の兵を率いて、鴨緑江を越えます。この時も朝鮮軍はただ逃げ惑うのみでした。ホンタイジは破竹の勢いで進撃し、開戦からたった5日で、漢城（ソウル）を落としました。仁祖や廷臣たちは慌てて、漢城から逃げ、ソウル南方の南漢山城（ナムハンサンソン）に立て籠ります。清軍は漢城で略奪の限りを尽くしました。

この一連の騒乱を丙子（へいし）胡乱と呼びます。

●「三跪九叩頭の礼」

仁祖はホンタイジに降伏します。仁祖は漢江南岸の三田渡（サムジョンド）に出向き、ホンタイジに拝謁し、その際、「三跪九叩頭（さんききゅうこうとう）の礼」を強いられました。「三跪九叩頭の礼」とは、清王朝皇帝に対する臣下の礼です。

皇帝の内官（宦官）が甲高い声で「跪（ホイ）！」と号令をかけると、土下座し、「一叩頭（イーコートウ）再叩頭（ツァイコートウ）三叩頭（サンコートウ）」という号令の度に頭を地に打ち付け、「起（チー）」で立ち上がります。そして、また「跪（ホイ）！」で、土下座して同じ行動をします。この土下座行為が計3回繰り返されます。

仁祖はこの「三跪九叩頭の礼」でホンタイジに拝謁し、自ら清の臣下となり、服従を誓いました。三田渡の盟約が結ばれます。その主な内容は以下の通りです。

・王の長子と次男、および大臣の子女を人質として送ること
・清が明を征服する時には、遅滞なく援軍を派遣すること
・城郭の増築や修理については、清国に事前に承諾を得ること
・清に対して黄金100両・白銀1000両、朝鮮人美女、牛、馬、豚など各々3000などの20余種を毎年上納すること

『朝鮮王朝実録　仁祖実録』より

この他、50万の朝鮮人捕虜が満州に連行され、強制労働させられました。まさに、清は朝鮮を「生かさず殺さず」飼い慣らし、搾取し続けます。朝鮮は長らく、中国の属国でしたが、この三田渡の盟約のような恥辱を与えられたことはそれまで、ありませんでした。

こうして、朝鮮人はどれだけ懸命に働いても、全て奪われるという搾取構造の中に貶(おとし)められますが、それが当然、彼らの精神を長年にわたり、蝕(むしば)んでいったことは想像に難くありません。

●韓国に現存する「恥辱碑」とは？

さらに、ホンタイジは朝鮮に「大清皇帝功徳碑」を建てさせ、清の寛大さを讃（たた）えさせます。この碑は大韓民国指定史跡第101号に登録されており、「恥辱碑」とも言われます。どのようなことが書かれているのでしょうか。

ソウルの蚕室（チャムシル）の一画にある大清皇帝功徳碑（著者撮影2019年）

「大清皇帝功徳碑」部分

罪在予一人　皇帝猶不忍屠戮之　諭之如此
予曷敢不欽承

（朝鮮王曰く）、罪は予（仁祖のこと）一人にある。それでも猶（なお）、皇帝（ホンタイジのこと）は屠戮（皆殺し）することを耐えがたく感じられ、諭（お教え）をくださった。予が欽（皇帝の意）を承らないことがあろうか。

この碑には前面の左側にモンゴル文、右側に満州文、そして裏面に漢文が刻まれています。

丙子胡乱で、どのように朝鮮が清に逆らい、負けたのかということの経緯が詳しく記されています。ホンタイジに「自らの恥を石に刻め」と命令されて、朝鮮王が建立したのです。石碑に自分の恥を刻まされた王というのは世界史の中でも、例がありません。

「生意気なオランケ（野蛮人）に天誅を！」ということで、威勢よく、清に宣戦布告した結果がこれですから呆れます。

この屈辱の石碑は何度も倒されては地中に埋められ、また掘り起こされるということを繰り返し、最終的に１９５７年に指定史跡に登録されます。その後も、洪水で流されたり、落書きをされたりします。２００８年、石碑の原位置の考証が行われ（信頼に足るものではないでしょうが）、ソウル市南部の松坡区蚕室洞に移設されました。

●朝鮮のみが唯一の残された「華」

朝鮮を服従させた清は明に攻勢をかけていきます。明は防衛費調達のため、増税を実施し、民を苦しめたため、各地で反乱が勃発します。反乱軍の首領の李自成は１６４４年、首都の北京を包囲し、明朝の最後の皇帝崇禎帝（毅宗）を自殺に追いやりました。こうして、２７６年続いた明は滅亡しました。

李自成は一時、皇帝を称しましたが、山海関を越えて侵攻した清に敗北します。そして、清の天下がはじまります。

明が滅亡したことにより、朝鮮の「小中華思想」は破綻と考えるのが普通ですが、朝鮮の儒学者たちは自分たちの都合の良いように、「小中華思想」を改竄（かいざん）し、それに固執しました。彼らは「中国の中華文明は明とともに滅びたが、朝鮮が中華文明の正統継承者にならなければならない」と主張します。

朝鮮は中華文明に最も近い存在であり、明亡き後は、朝鮮のみが唯一の残された「華」であるという理屈を掲げ、夷狄の清は中華文明の後継者とは認められないとする自分勝手な解釈をしました。

このような主張を展開した儒学者の代表が宋時烈（ソンシヨル）でした。宋時烈は明の恩義を忘れてはならないとする「対明義論」により、対清北伐の強硬論を唱えました。清に徹底的に追い詰められたにもかかわらず、未だ、虚勢を張る朝鮮儒学者の愚かさは国を亡ぼすものでしかありません。

朝鮮は清に大量の物品を毎年、貢納させられました。その鬱憤（うっぷん）晴らしに、自らを中華の後継者と称し、慰めを求めたのでしょう。

仁祖の子の孝宗（ヒョンジョン）は父の怨みを晴らそうとして、清の討伐軍を密かに編成していました。しかし、朝鮮の軍備拡張は清の知るところとなり、清は孝宗を恫喝(どうかつ)します。この時、清は満州北部の黒竜江に侵入してきたロシア軍を討伐していました。清は朝鮮に対し、すぐに加勢せねば容赦しないと脅したのです。孝宗はこの脅しに屈して、1654年と1658年の2回、援軍を送っています。父の怨みを晴らすというのは結局、口だけに終わりました。

清で康熙帝（在位1661～1722年）が即位して以降、雍正帝（在位1722～1735年）、乾隆帝（在位1735～1796年）に至るまで、3代の繁栄を誇ります。この時代、清は朝鮮を無視していました。清は台湾やモンゴル、ウイグル、チベットなどを征服することに集中していました。朝鮮のような貧弱な土地に介入するメリットなど、清にとって、ほとんどなかったのです。ただし、貢納はキッチリと納めさせていました。

●開明的な王、正祖

17世紀、宋時烈の「対明義論」のような考え方が密かに浸透し、「恨(ハン)」の感情とともに、清だけでなく、日本も差別し、朝鮮は文化的鎖国状態を続けます。

この閉塞の状況が改善されるのが18世紀後半です。開明的な王であった正祖(チョンジョ)（第22

代王）の後押しで、「実学派」と呼ばれる改革派が台頭し、清から技術や文化を学ぼうとします。

「実学派」の丁若鏞（チョンヤギョン）は「夷狄でも、儒教を身に付けた者はもはや夷狄ではない」と主張し、清を積極的に認めようとしました。丁若鏞は正祖に重用され、正祖の参謀役として活躍しました。水原華城（スウォンファソン）の建築に、「挙重機」と呼ばれるクレーンを使って、工期を大幅に短縮することにも成功しています。

丁若鏞ら「実学派」は西学運動によって、西洋文明をも学びました。当時、清にはキリスト教宣教師が訪れ、ヨーロッパの技術や文明をもたらしていました。特に、「実学派」は地球球体説を学び、大地は中華を中心に放射状に広がっているとする「天円地方説」を改め、「小中華思想」から、ようやく脱却しはじめました。

ただし、それも未だ不充分であり、依然として「小中華思想」を掲げる頑迷な保守派が多く、正祖亡き後、彼らは攘夷思想を形成し、清や日本をはじめヨーロッパ諸国を夷狄として排斥します。こうして「衛正斥邪」の運動が巻き起こります。「衛正斥邪」とは、外国人が教える「邪教」「邪説」を排斥し、「正学」である朱子学を衛（まも）ると する鎖国攘夷の思想のことです。

19世紀になると、安東金氏（アンドンキム）という名門一族から、王妃になる者が続けて輩出され、安東金氏は王の外戚として権勢を振るうようになります。安東金氏は韓国の慶尚北道の中部にある安東市を基盤にする一族で、10世紀、後三国時代に、王建（ワンゴン）（高麗の太祖）を支援したことにより、高麗開国功臣となります。

安東金氏の権勢は19世紀初頭からおよそ60年間にわたり続き、その政治は「勢道政治」と呼ばれます。安東金氏は清の高官たちに賄賂を贈り、癒着していました。清の後ろ楯を得て、王や廷臣をコントロールしました。安東金氏の勢道政治に苦しめられた民衆は洪景来（ホンギョンネ）の乱などの農民反乱を頻繁に起こすようになります。李氏朝鮮王朝は末期症状で機能不全に陥っていました。

第十章　中国と癒着していた王妃①

清、李氏朝鮮

●儒林とは何か？

朝鮮各地に儒林（ユリム）というものがありました。儒林は表向きは儒学者たちが集う儒教研究機関でしたが、その実態は中国（明・清王朝）の出先機関でした。儒林は中国に金銭を上納し、中国のスパイを養成し、中国を賛美するように洗脳教育を人々に施しました。

李氏朝鮮時代、儒林の数は増え続け、19世紀には、全国に680の儒林が存在していました。中国の後ろ楯を持つ儒林は各地において、事実上、地方行政を取り仕切っていました。朝廷の役人には何の権威もなく、逆らっても怖くありませんでした。役人が税を徴収に来ても、追い返せばよかったのです。

しかし、儒林に逆らうと大変な目に遭わされました。儒林は中国から資金援助を受け、大勢の私兵集団を雇い込んでいました。ほとんどが盗賊かゴロツキだったでしょう。儒林への寄付・献金を拒めば、彼らがやって来て、大暴れし、半殺しにされました。

朝廷への税は集まらなくとも、儒林への寄付・献金は確実に集まり、その金の一部が中国へ上納されました。中国は朝鮮王や朝廷の高官たちに圧力をかけて、儒林を保護するように命令していました。王といえども、儒林の関係者の不興を買えば、すぐに中国から叱責され、下手をすると廃位させられる可能性もありました。

儒林の不正腐敗と戦おうとした朝廷の高官もいましたが、不審死を遂げるか、行方不明になるかのどちらかでした。儒林の関係者たちは情報を中国に伝え、朝廷には伝えませんでした。そして、指示を朝廷にではなく、中国に仰ぎ、中国の意向に沿って、物事を処理していました。

儒林は中国の朝鮮支配の拠点であり、中国は儒林を通じて、朝鮮全土を意のままにコントロールしていたのです。このように、朝鮮の政治行政はその根本から、中国によって歪(ゆが)められて、まともに機能していませんでした。

孔子学院という中国の文化交流機関が世界中にあります。現在、世界146カ国・地域に525カ所設置され、小規模な孔子教室は1113カ所もあると言われます（2018年、産経新聞調べ）。日本には、孔子学院が14カ所、孔子教室が8カ所あり、孔子学院の多くが各地の大学内に設置されています。

中国は大学内の同機関を通して、中国人留学生を大量に送り込んでいます。少子化の経営難に苦しむ大学にとって、孔子学院はありがたい存在です。

アメリカの大学教授協会は2014年、「孔子学院は中国政府の出先機関として機能している」と警告を発しています。中国人留学生が増えれば増えるほど、大学は彼らを無視できなくなり、経営理念を歪（ゆが）められることもあり得ます。大学が持つ科学技術などの情報流出なども懸念されます。

日本はこうしたことに対する危機感が希薄ですが、孔子学院が「現代版儒林」にならないよう、充分に気を付けなければなりません。

●あのバカの息子ならば

清王朝はアヘン戦争（1840～1842年）・アロー戦争（1856～1860年）で、欧米列強に侵略され、急速に衰退していきます。中国が混乱に陥ったため、儒林は後ろ楯を失います。これを好機と捉え、儒林を取り潰したのが興宣（フンソン）大院君（テウォングン）でした。大院君は朝鮮王の高宗（コジョン）の父です。前王は実子がないまま病死したので、王族の中から大院君の次男が選ばれて、新王となります。幼少の高宗に代わり、1864年以降、摂政として政治を牛耳り、諸々の改革を進めていきます。その改革の一つが儒林撤廃でした。

大院君はそれまでの王族と違い、政治意欲に燃えており、腐敗しきった朝鮮を何とかして立て直したいと考えていました。大院君は両班などの階級にこだわらず、有能な民間人や下級官吏を積極的に登用し、自らに忠誠を誓う取り巻きを急速に形成していきます。その剛腕さや政治嗅覚は他に並ぶ者がありませんでした。

大院君は息子を王位に就かせるまで、バカを装い、ゴロツキたちと共に毎晩飲んだくれていました。貴族たちも、「あのバカの息子が王になるならば、操りやすいだろう」と大院君を侮っていました。しかし、ひと度、息子が王になると、摂政として辣腕を振るい、次々と政敵を追い落としていきます。

大院君は儒林撤廃によって、中国の影響力を朝鮮から排除しようとしました。王直々の扁額を与えられている47カ所以外は全て撤廃します。大院君の予想通り、清の介入はありませんでした。李氏朝鮮時代、大院君は中国に初めて反旗を翻した人物と言えます。

儒林の横暴に対し、人々の不平不満が鬱積していたので、撤廃は人々に歓迎され、大院君の名声は高まりました。

興宣大院君　本名は李昰応。1820-1898年。

●「和を主するは売国なり」

大院君は両班からも税を徴収する戸布

制を施行し、庶民と同等に扱いました。また、両班の土地独占を禁止し、農地を平等分与しました。こうした改革も庶民から熱烈に支持されます。腐敗役人を撲滅するために、官制改革も実施します。

聡明な大院君でしたが、国際情勢を見る目をほとんど持っていませんでした。清王朝は欧米列強の侵略を受け、既に半植民地化されていました。日本は明治維新を遂げ、欧米の技術や制度を取り入れ、欧米に対抗できる力を急速に付けていました。

しかし、大院君は、こうした国際情勢に対する危機感を持っておらず、頑迷な鎖国政策に固執していました。国家の「正学」である朱子学を衛り、欧米の邪教文化を排斥する「衛正斥邪」を掲げ、偏狭な儒教思想に捕らわれていました。大院君は国内改革で鮮やかな先進性を見せましたが、朝鮮が世界に取り残されているという自覚を持たず、激変する国際問題に対応できませんでした。

大院君は朝鮮に侵入したフランス艦隊やアメリカ商船を撃退しました。そのことで、変な自信を抱くようにもなります。欧米は「洋夷」と野蛮人呼ばわりされていました。大院君は「洋夷」を排斥する運動を巻き起こし、それを朝鮮民族主義の高揚に利用しようとしました。

そこで、大院君は朝鮮各地に、「斥和碑」という石碑を建立します。石碑には、「洋夷侵犯非戦則和、主和売国」（洋夷侵犯す、戦わざるは則ち和なり、和を主するは売国なり）と刻まれていました。

●大院君と閔妃の確執

大院君に敵対したのが王妃の閔妃（ミンビ）です。大院君は王妃や閔氏一門による政治介入を極端に警戒していました。朝鮮の政治はそれまでにも、しばしば王妃やその外戚たちによって乗っ取られました。彼らは王を背後から操り、権勢をほしいままにしてきました。これを勢道政治といいます。

大院君は高宗が文書係の宮女に産ませた子を世子（セジャ）（王の後継者のこと）にしようとしました。封書係の宮女には有力な親戚も一門もいないため、勢道政治を防ぐことができ、大院君には都合が良かったのです。

閔妃は義父にあたる大院君を憎むようになり、大院君に敵対している守旧派に接近しました。大院君の諸改革により、地位や役職を奪われた者、土地を奪われた者、権益を奪われた者が多くいました。閔妃は彼らを秘かに集め、連携し、大院君に対する包囲網を形成していきます。

そして、大院君の独裁政治を批判する声が日増しに大きくなり、閔妃派が優位に立

図10−1　大院君と閔氏の勢力関係

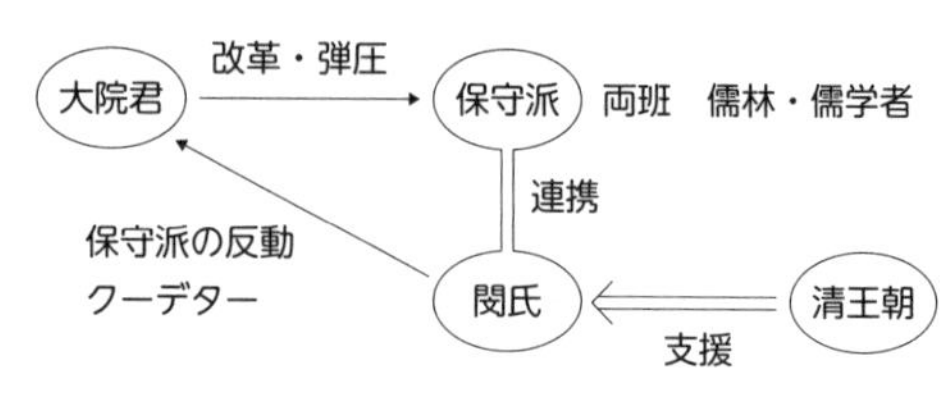

ちます。閔妃派は遂にクーデターを決行します。彼らは高宗に詰め寄り、1873年、高宗に親政（王が自ら政治を行うこと）を宣言させ、大院君を追放しました。

大院君は子の高宗に会って、直談判しようとしますが、入宮禁止措置が発令され、門前で追い返されました。高宗も王妃に取り込まれていたのです。

閔妃は大院君の一派を粛清し、閔氏一門を政権の要職に就け、実権を掌握しました。

●閔妃とは何者か？

閔妃は1866年、15歳で王妃となり、宮廷入りします。大院君の夫人が閔氏出身であったため、大院君が自ら、閔妃を選びました。若い閔妃は寡黙な性格で、夜通し勉学に励み、王宮の蔵書を読み漁り、『春秋』を暗記したと言われます。学問に秀でた才女だったのです。王宮のしきたりに素早く順応し、特に食事の作法が優雅で気品に溢れていたといいます。

しかし、後年、巫堂（ムーダン）というシャーマン的な宗教にはまり、盛大な儀式を開催し、その費用で、国家財政を圧迫したというような愚行も散見されます。閔妃の容貌については、長身であったとも、小柄で華奢（きゃしゃ）であったとも伝えられています。

閔妃は大院君に負けず劣らず、政治的嗅覚に優れ、権謀術数が巧みで、多くの人材を懐柔し操りました。夫の高宗は愚鈍で、政治のことはわからず関心もなく、聡明な王妃に頼りました。

高宗の親政後、閔妃は大院君に代わり、政治を取り仕切ります。閔妃は自らに従った守旧派の特権階級のために、大院君が断行した改革を全て元に戻します。両班への課税を取り止め、大土地所有などの権益復活を認めます。

閔妃は、大院君が中国への従属を断ち切るために撤廃した儒林も復活させ、清王朝に再び、媚びへつらいはじめます。清に世子冊封使を派遣し、多額の金銭を上納し、見返りに王妃の息子が世子として清に認定されました。清は閔妃という足掛かりを得て、再び、朝鮮へ介入します。

こうして、大院君の10年の改革が水の泡となります。大院君の改革に恨みを抱いていた保守派の反動勢力は巻き返しの機会を狙っており、閔妃と手を組んだのです。

●閔妃は朝鮮を開国しようとした

閔妃が反動勢力と異なっていたのは、欧米や日本の先進性を認め、それに倣って、国力を増強しようとする柔軟性を持っていたことです。

日本は1875年、軍艦を派遣し、最新鋭の砲撃で朝鮮を脅し、通商を迫りました（江華島事件）。この時、朝廷では、日本を非難する主張が大勢でした。豊臣秀吉の侵攻以来の暴挙であるとして、「倭人許すまじ」という感情論が先行していました。

1868年、明治新政府は幕府政治から新体制に移行したことを朝鮮に伝えました。その国書に「皇」や「勅」の字が使われていたため、朝鮮は受け取りを拒否しました。「皇」や「勅」は中国の皇帝のみが使うことのできる言葉で、朝鮮がそのような国書を受け取れば、中国に対する反逆に加担したと見なされると考えたのです。以来、朝鮮は日本との接触を拒んでいました。

閔妃も、こうした鎖国政策に固執し、開国を拒否していたと一般的に解説されますが、事実と異なります。

閔妃は一貫して、朝鮮が生き延びるためには開国しかないと考えていました。閔妃は一族の閔奎鎬（ミンギュホ）を礼曹判書（外務大臣）に任命しています。閔奎鎬は筋金入りの開化派で、大院君の鎖国政策にも反発していました。また、閔妃は同じく、開化派の重鎮、朴珪寿(パクキュス)を右議政（副首相）に任命し、開国政策を推進しました。

閔奎鎬は閔妃の右腕となり、朴珪寿とともに開国の議論を主導していましたが、閔氏一門の中にも、開国に反対する者が少なくなく、話がまとまらず、朝廷内は騒然としていました。

ようやく、閔妃の音頭で、日本との交渉がはじまります。1876年、日朝修好条規が締結され、閔奎鎬を中心に開国政策が進められます。閔奎鎬の手腕は閔妃にも認められて、1878年、右議政に任命されます。しかし、その直後、病死しました。

●攘夷運動

開化派の金弘集(キムホンジプ)らの使節が1880年、日本に派遣されました。金弘集は日朝修好条規の不平等条約の改正を日本に求めましたが、受け入れられませんでした。

閔妃は金弘集を重用し、常に外交の前面に立たせ、日本との交渉をはじめ、欧米各国との修好通商条約の締結にあたらせます。

こうした動きに対し、開国反対派は金弘集ら開化派官僚の処罰を求める「斥邪上疏(せきじゃじょうそ)」と呼ばれる攘夷運動を起こします。閔妃は攘夷運動の背後に、大院君がいると見なし、主だった者を処刑しました。実際に攘夷派は大院君を担ぎ出して、クーデターを起こす計画でしたが、発覚してしまいます。

かつて大院君と対立した保守両班や儒学者は、閔妃の開国政策に激しく反対し、大院君側に寝返っていました。彼らは大院君の名を叫びながら、「閔氏一族こそ亡国の元凶」と訴え、デモを連日繰り広げました。

大院君も彼らを利用し、閔妃を排除しようと画策していました。大院君は復活の機会を虎視眈々と狙っていたのです。

●壬午事変

閔妃は軍隊の増強に努めるべく、軍制改革に着手していました。日本陸軍少尉の堀本礼造を軍事教官に招き、別技軍という新式軍隊を組織します。新式軍隊が優遇される一方、旧式軍隊の兵士たちは、俸禄も支給されず、半ば捨てられました。ようやく、1カ月分の俸禄米が支給されましたが、砂や石が混ざっており、旧式軍隊の兵士たちの怒りが爆発します。

1882年、兵士たちは暴動を起こします。彼らは閔氏一族の邸宅や日本公使館を襲撃し、堀本礼造ら日本人教官を殺しました。駐在していた公使たちは命からがら漢城（ソウル）を脱出しています。

図10−2　大院君の策謀

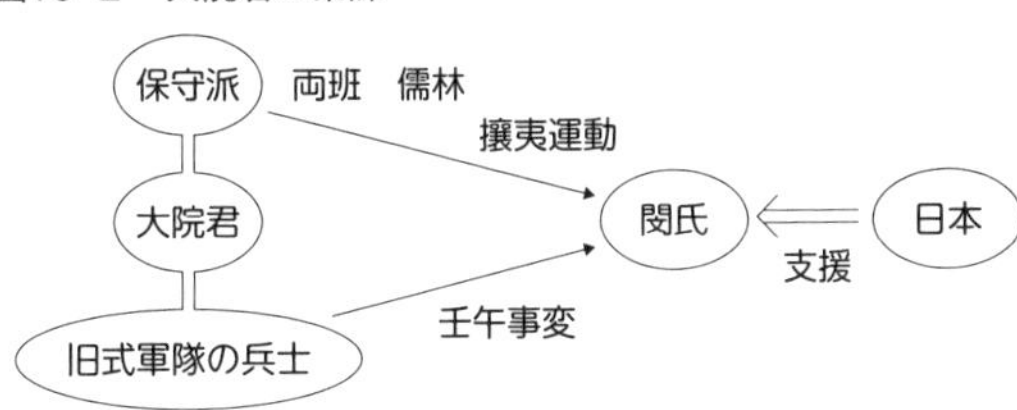

閔氏の首領であった閔謙鎬（ミンギョンホ）は兵士に捕らえられ、惨殺されました。兵士たちはさらに宮殿に侵入して閔妃を殺そうとしました。閔妃は宮女に変装し王宮を脱出、危機一髪、難を逃れました。この一連の暴動は壬午事変（じんごじへん）（壬午軍乱）と呼ばれます。

暴動を背後で操っていたのは大院君でした。大院君が宮殿に入り、暴動を収束させました。大院君は悲願の復権を果たしたのです。

大院君は、閔妃が死んだとウソの情報を流し、閔妃の葬儀を行います。『高宗実録』によれば、「中宮殿（王妃のこと）今日午時昇遐」と宣布し、閔妃の死体の代わりに、閔妃が着用した衣服を納棺することにしました。高宗をはじめ、葬儀に反対する者が多くいましたが、大院君が強行しました。

この間、大院君は刺客を差し向け、閔妃を追跡しています。閔妃は変装し、逃げました。舅（しゅうと）と王妃の確執がここまで異常なのは歴史上、この一件のみでしょう。

●逆転、執念の復活

閔妃も黙っておらず、切り札を使います。それは中国に窮地を救ってもらうことでした。清は壬午事変後、軍を朝鮮に送り、有事に備えました。軍を率いていたのが、あの袁世凱(えんせいがい)でした。閔妃は袁世凱に使者を送り、清に臣従するという条件で、大院君を排除するように依頼しました。

清は元々、閔妃が清に好意的で、度々、臣従の朝貢をしていたことを評価する一方で、清に反抗的な大院君を危険視していました。そのため、閔妃の依頼を快諾しました。

清軍は乱の鎮圧を名目に、漢城(ソウル)に入り、大院君を問責します。そして、大院君を捕らえ、清に連行し、天津に幽閉しました。

1873年、閔妃らのクーデターによって、政権を追われた大院君は9年間、耐え忍び、ひたすら復権の機会を狙っていました。1882年、壬午事変を裏で操り、閔妃を排除することに成功したのですが、清の介入で、たった1カ月で形勢が逆転し、外地に囚われの身となりました。閔妃の方が一枚、上手だったのです。大院君の閔妃に対する怒りは骨髄に徹し、狂わんばかりでした。

閔妃は清の助力で王宮に帰還します。この時、死んだと思われていた閔妃の姿を仰ぎ見た百官民衆らは、閔妃にひれ伏し、まるで地獄の使者のように、彼女を畏怖したといいます。こうして、閔妃は再び政権を掌握しました。

●中国と日本を天秤にかける

アヘン戦争・アロー戦争の災禍を経て、清は李鴻章らを中心に、洋務運動と呼ばれる西洋の技術を取り入れる近代化運動を展開し、１８７０～80年代に一時的な安定がもたらされました。

この期間、西欧列強はバルカン半島や中東地域の利権を巡って激しく対立し、東方問題という外交衝突がイギリスやロシアを中心に生じていました。また、壬午事変が起こる前年の１８８１年に、スーダンやエジプトで反乱が起き、イギリスは乱の鎮圧に忙殺され、中国どころの話ではありませんでした。

清にとって、態勢を立て直すチャンスであり、この期間に疎かになっていた朝鮮支配を再び、強化しようと画策したのです。壬午事変の混乱や閔妃の支援依頼は清にとって、格好の口実でした。

清は全盛期であった17世紀後半から18世紀にかけて、朝鮮半島を無視していました。朝鮮は貧弱な土地で、民心は荒れ、介入するメリットなど、清にとってありませんでした。しかし、19世紀半ば以降、ロシア帝国が満州方面へ南下をし、朝鮮半島を狙いはじめると、状況が変わります。

強大なロシアが朝鮮半島に進出すれば、清は東北方面からロシアに半包囲されることになってしまいます。黄海などの制海権も奪われてしまいます。

朝鮮は清にとって、地政学上の重大な意味が生じはじめました。そのため、清は従来の放置政策を改め、朝鮮半島への介入を急速に強めていきます。

閔妃はもちろん、こうした清の企みを見抜いていたので、清を牽制すべく、日本にも接近していきます。

日本は壬午事変で堀本礼造ら軍事教官を殺され、公使館を破壊されました。この責任を追及して、朝鮮に、賠償金の支払いや駐兵権の獲得、開港場の権益拡大を要求しました。閔妃は日本の要求をのみ、済物浦(サイモッポ)条約を締結しました。

閔妃は中国と日本を同時に招き入れて、両者を天秤にかけて、時間稼ぎする戦略でした。しかし、閔妃の戦略は思い描いた通りには進みません。

第十一章　中国と癒着していた王妃②

清、李氏朝鮮

●閔妃と西太后

「お前は命が惜しくないのか！」

張氏という宮女が高宗の子を出産したという知らせを聞いた時、閔妃は逆上し、刀を手に取り、張氏の部屋へ怒鳴り込みに行きました。刀で戸を叩き切って乱入し、張氏を脅しました。張氏は恐れおののき、泣いて命乞いをしました。

これは李朝末期の学者、黄玹（ファンヒョン）が著した『梅泉野録』に描かれた閔妃の行動の一節です。『梅泉野録』によると、閔妃の逆鱗に触れた張氏は女性器を切り落とされ、10年余り、傷に苦しんだ末に死んだといいます。

『梅泉野録』はその名の通り、「野史」であり「正史」ではありません。従って、どこまで、史料として信頼できるかわかりませんが、閔妃の性格の一端を表していると言えます。

この他、『梅泉野録』に、閔妃が淫蕩（いんとう）に耽（ふけ）っていたことなどが書かれています。韓国ではしばしば、「閔妃を貶めるネタは日本人から発せられた」と言われますが、そんなことはありません。元々、黄玹のような当時の朝鮮人から、発せられたのです。

この張氏よりも前に、高宗の寵愛を受けた封書係の宮女、李氏がいました。李氏の子は、大院君が世子に据えようとした子でした。閔妃は大院君をクーデターで排除した後、李氏母子を宮殿から追放しました。その後、母子は不審死を遂げています。閔妃に毒殺されたと見られています。当時、宮女たちは「高宗と同衾(どうきん)したら生きられない」と噂しました。

閔妃は良く言えば「女傑」、悪く言えば「悪女」です。閔妃の時代、中国を仕切っていたのが西太后(せいたいごう)でした。この2人の女性は「女傑」・「悪女」として、当時の朝鮮と中国にそれぞれ君臨していたのです。

西太后は夫であった咸豊帝(かんぽうてい)が寵愛した麗妃の手足を切断した上で、甕(かめ)に入れて飼い殺しにしたと言われます。これも、本当かどうかわからない話ですが、後宮での后や妃たちの嫉妬や権力争いが如何に壮絶であったのかを示しています。

●朝鮮王を恫喝する袁世凱

壬午事変で逃避行を続けていた閔妃は清の支援で、王宮に帰還することができました。反乱を鎮圧した清軍は朝鮮に駐在し、軍事力を背景に、朝鮮の内政にも干渉しました。閔妃が清の軍勢を招いたことで、朝鮮は清への従属を余儀なくされました。

清の駐在軍を指揮していたのは、あの袁世凱でした。彼は当時、弱冠26歳でしたが、北洋大臣の李鴻章に目を掛けられており、指揮官を任されていました。袁世凱ら

袁世凱　1859-1916年。後年、辛亥革命では清朝を裏切り、宣統帝を退位させ、孫文に代わり、中華民国臨時大総統に就任。

の軍勢は朝鮮で略奪・強姦を繰り返し、暴虐の限りを尽くしました。

壬午軍乱後、清は朝鮮に「中朝商民水陸貿易章程」を締結させました。この条約の前文には「朝鮮久列藩封」（朝鮮は久しく藩封に列せられてきた）と記され、朝鮮が清の属国（藩封）であることが確認されました。この他、清が独占排他的に朝鮮を通商支配することが規定されました。

袁世凱はこの「中朝商民水陸貿易章程」を振りかざし、朝鮮を脅しました。袁世凱は馬に乗って、王宮に入り、帯剣して高宗に謁見し、気弱な王を度々、大声を上げて恫喝しました。しかし、閔氏政権の要人たちは若い袁世凱にシッポを振って寄っていくばかりで、彼の傍若無人ぶりを非難することはありませんでした。

若い官僚たちはこの体たらくを見て、「自分の保身のために、清に国を売る奴は放っ

図11－1　19世紀末の朝鮮政治マトリックス

	鎖国派	開化派
事大派（親中派）	守旧派（勢道政治勢力）	閔氏政権＝事大党（親清開化派）
反事大派（反中派）	大院君（改革派）	独立党（親日開化派）

てはおけぬ」と憤りました。彼らは独立党という派閥を形成し、清を排除するために、日本の助けを得ようと尽力します。

●事大党と独立党

それまで、開化派は閔氏政権の主導で一致結束し、開国政策を進めてきました。しかし、清の介入で、清を排除するべきと考える独立党と、清と協調するべきと考える事大党に分かれます。開化派が分裂してしまったのです。

当時の朝鮮には図11－1のように、4つの勢力が存在し、それぞれ激しく対立していました。これらの勢力を分ける基準が鎖国か開国か、親中か反中かでした。大院君が清に連行されて以降、開化派が政権を運営しました。

急進開化派の独立党は清への従属を止め、日本に学び、朝鮮の近代化を推進していこうとしました。金弘集（キムホンジプ）、金玉均（キムオッキュン）、朴泳孝（パクヨンヒョ）ら親日派の若い官僚たちが中心メンバーです。福沢諭吉や井上馨（かおる）なども彼らを支援しました。

閔妃らは親清開化派で、従来通りの事大主義（小が大に事える）に基づいて、中国への宗属関係を続けながら、日本や欧米列強との修好を図り、近代化を推進していこうとしました。ある意味、最も現実的な穏健路線でした。彼らは事大党と呼ばれます。

●甲申政変

親日派の金玉均が台頭し、若い開化主義者を束ね、独立党の実質的な指導者となると、事大党と激しく対立しはじめます。

壬午軍乱後、清は朝鮮で暴虐の限りを尽くしますが、彼らに危機を救われた閔妃は清の言いなりでした。これに対し、金玉均らは先ず、朝鮮が清の従属から脱却し、独立国にならなければならないと考え、清を憎悪したのです。

金玉均ら独立党は清や閔氏政権を排除するために、日本の力を借りてクーデターを起こします。このクーデターは甲申政変と呼ばれます。

1884年、首謀者である金玉均と朴泳孝は計画的な放火をして騒動を引き起こします。金玉均は高宗に、「清軍が攻め寄せてくる」と嘘の報告をし、防衛のために日本軍を王宮に呼び入れるべきと申し出ました。慌てた高宗は金玉均の言う通りに、日本公使館宛てに勅書を書き、軍を出動させるように要請しました。

日本軍はこれに応じ、高宗を護衛します。実際には監禁でした。さらに、金玉均らは嘘の王命を出し、閔台鎬（ミンテホ）ら閔氏政権の要人を呼び寄せ、彼らを殺しました。こうして、親中派の事大党勢力を排除し、金玉均らは新政府の樹立と朝鮮の独立を宣言します。

しかし、金玉均らのクーデターは稚拙でした。閔妃の後ろ楯は清でした。清軍がいる間は閔氏政権の要人を殺したところで、結局、独立党の思う通りにはなりません。金玉均らは日本軍を頼みの綱としますが、この時、日本軍は清軍と本気で戦う気などありませんでした。しかも、日本公使館が擁していた兵は150人しかいなかったのです。

閔妃は金玉均らのクーデターを潰すため、すぐに清に援助を求めます。袁世凱らは1300人の軍隊を率い、日本軍に襲い掛かると日本軍は撤退します。金玉均や朴泳孝らは日本公使館に逃げ込み、日本に亡命しました。金玉均の新政府は僅か3日で崩壊しました。

●金玉均の誤算

金玉均らの失敗の最大の原因は日本軍との連携が取れていなかったことでした。日

金玉均　1851-1894年。日本の明治維新のような近代化を朝鮮で断行するべきという理想に燃えていた。

本軍が清軍と本気で戦い、撃退してくれるだろうという甘い見通しに立脚していたのです。

当時、清はベトナムの支配権を巡り、フランスと戦争をしていました（清仏戦争）。金玉均は、清が南方で、フランスと戦っている間は日本を敵に回すことをしないとタカを括っていました。たとえ、１５０人しかいない日本軍でも、日本軍が自分たちの楯となっている限り、清軍は手を出さないと考えていたのです。

しかし、このような金玉均のロジックは尊大な清には通用しませんでした。清はクーデターの騒乱を朝鮮支配強化の好機と捉え、軍事介入しました。

金玉均は幼少より秀才の誉れ高く、21歳で科挙に首席合格したエリート中のエリートでした。弁論が巧みで朝議の席上、相手を口でやり込めることもしばしばありました。政治改革で手腕を発揮し、高宗の信任も厚く、急速に頭角を現し、独立党を率いるようになります。筋金入りの親日派で福沢諭吉とも交流がありました。

しかし、金玉均は自らの才能に溺れ、エリート特有の机上の空論で、無謀なクーデターを起こし、失敗するべくして失敗したのです。

金玉均はクーデターの失敗後、日本に亡命し、岩田秋作という日本名を名乗りました。その後、上海に渡りますが、閔妃の刺客によって、暗殺されます。

金玉均の遺体は朝鮮に運ばれ、逆賊として凌遅刑（皮剥ぎ・肉削ぎの刑のこと）に処され、体をバラバラに切られ、首や手足を晒されました。

●日本が朝鮮を独立させた

1884年の甲申政変の翌年、清は清仏戦争での敗退が決定します。清が完全に不利な立場に追い込まれていったタイミングで、伊藤博文は清に赴き、李鴻章と交渉し、1885年、天津条約を結びました。清と日本は朝鮮から撤退し、朝鮮に派兵する場合、両国は互いに通告することを約しました。これは事実上、清が朝鮮への宗主権を日本と分け合ったことを意味します。清は日本に妥協する以外ありませんでした。

それでも、李鴻章は天津条約締結の交渉の席上で、伊藤博文に対し、「朝鮮王の其

図11－2　19世紀末の朝鮮の動き

1882年　壬午軍乱
　大院君政権　→　清軍の介入、大院君連行

1884年　甲申政変
　独立党政権　→　清軍の介入で崩壊

1894年　甲午農民戦争
　清・日本軍の介入　→　日清戦争

1895年　閔妃暗殺

位に登るは我皇帝陛下の封する所に依るものなり」と言い、朝鮮は清の属国であるから、もし日本が手出しするようなことがあれば許さないと警告しています。

甲申政変後、朝鮮では、閔氏を中心とする事大党が政権を掌握し、清との連携を強化しました。一方、日本との関係は急激に冷え込んでいきます。日本は朝鮮を支配するには、清と戦争をする以外にないと覚悟を決め、その準備を着々と進めました。

1894年、大規模な農民反乱（甲午農民戦争）が起き、朝鮮が清に出兵を請うと、日本も出兵します。日本は、日清両国による朝鮮の内政改革を提案しました。案の定、清が拒否したので、日本は単独改革に乗り出すことを表明し、清を挑発、開戦に持ち込みました。こうして、日清戦争がはじまります。

日本は元々、清との戦争を想定していたので、機先を制し、いち早く漢城（ソウル）の朝鮮王宮を占領し、高宗の身柄を確保しました。そして、高宗に圧力をかけ、清軍を征伐するように王命を下させました。

この時、清軍は、日本がどこまで本気なのかを見極めようとして、何の動きも見せていませんでした。まさか、日本が清に挑むとは信じていなかったようです。ようやく、清は日本の本気を理解して、軍勢を整え、平壌（ピョンヤン）に集結しました。

平壌は南に大同江の防衛線を擁し、堅牢な城郭で囲まれた守備に適した都市でした。清軍が平壌に陣取る限り、日本も簡単にはここを落とすことができず、長期戦が想定されました。ところが、平壌城から突如、降伏の白旗が上がります。清軍を指揮していた葉志超（ようしちょう）が自分の命惜しさに、戦をやめてしまったのです。

葉志超をはじめ清軍は士気が上がりませんでした。先ず、兵士たちは清王朝に対する忠誠心がなく、その上、異国の朝鮮を守るということに理由を見出すことができなかったからです。

こうして、日本はあっさりと平壌を占領し、更に北上して、遼東半島を制圧します。遼東の指揮官も戦意を喪失しており、我先に逃げました。遼東半島の先端部の大連にいた清の北洋艦隊は退却をはじめたので、日本軍は海戦を有利に戦います。

北洋艦隊の装備やメンテナンスは劣悪で、砲弾を正常に打つことができず、暴発して自分の船が壊れるという酷い状況でした。こうして、日本は制海権を奪い、遼東から南下し、北洋艦隊を駆逐しながら、山東半島を制圧、南方の台湾も占領します。

清は自らの不利を悟り、日本に講和を求めました。清は当初、講和の使者を派遣していましたが、日本は「末端の使者とは話をしない、李鴻章大臣自らが来るように」と要求し、清の使者を相手にしませんでした。清はこの要求に屈し、李鴻章が下関にやって来て、伊藤博文と交渉し、下関条約を締結します。かつて、「朝鮮は清の属国であるから、手を出すな」と威嚇（いかく）した李鴻章の面目は失われました。

下関条約により、清が朝鮮の独立を承認します。この瞬間、日本は中国の朝鮮への属国支配の長い歴史を断ち切ったのです。

●台湾人は来るが、韓国人は来ない

下関市に、日清講和記念館というものがあります。下関条約は関門海峡に臨む春帆（しゅんぱん）楼（ろう）で締結されました。春帆楼はふぐ料理の旅館で、今日でも営業を続けている有名な老舗です。この春帆楼の敷地内に、下関条約を記念して、日清講和記念館が１９３７

年に建てられました。講和会議に使われた部屋を再現し、テーブル・椅子などの調度品や歴史資料を展示しています。下関市が管理しています。

２０１７年、私がここを訪れた時、台湾人たちが多く見学に訪れていました。ここ数年、台湾人の見学者が非常に多いとのことです。

下関条約で台湾は日本の領土となりました。台湾人たちは清の圧政から解放された下関条約を高く評価し、自国の歴史のはじまりの重要な一歩と位置づけているのです。朝鮮も同様に、下関条約で清の圧政から解放されたので、本来ならば、韓国人がこの記念館に多く訪れても良いはずです。台湾は日本の領土にされましたが、朝鮮は独立したのであり、日本の領土にされたわけではありません。その意味で、下関条約の意義は台湾人よりも韓国人にとって、大きいと言えます。

●「独立門」を勘違いしている韓国人

下関条約で独立を達成した当時、朝鮮人たちはこれを非常に喜びました。そして、中国への隷属の象徴であった「迎恩門（ヨンウンムン）」を取り壊しました。「迎恩門」は漢城（ソウル）の西大門の外側に建てられ、中国の勅使を迎えるための門でした。朝鮮王は中国の勅使がやって来る時、自らこの門にまで出向き、三跪九叩頭の礼で迎えていました。

1896年まで残っていた迎恩門

朝鮮人はこの屈辱の遺産を取り壊し（屈辱を忘れないために、2本の「迎恩門」柱礎だけを残し）、1897年、独立の記念として、新たに「独立門」を同じ場所に建てました。現在も残る「独立門」を、多くの韓国人は日本からの独立を記念したものと勘違いしています。

これは「独立門」と同じ敷地内に、独立運動や民主化の苦難の歴史を展示した西大門刑務所歴史館があることが原因になっており、わざと混同させるような意図があるようにも思えます。「独立門」は日本への恨みを表したものではなく、感謝を表したものなのです。

実際、私は「独立門」を訪れている韓国人に聞いてみたところ、若い人の多くが、「日本からの独立」と勘違いしていました。

「迎恩門」が取り壊された同年の1897年、朝鮮は中国の属国でなくなったため、かつて明から下賜された「朝鮮」という名を変更し、「大韓帝国」という国号を名乗りました。「韓」は王を意味する雅語で、古代において、三韓にも使われていました。

●大院君と閔妃の最期①

壬午軍乱から3年、大院君は天津に幽閉された後、1885年、帰還を許されました。以降、日清戦争までの9年間、大院君は閔妃への復讐に燃え、様々な陰謀を企てました。大院君がかつて嫌った清や日本とも通謀し、開化派とも手を組み、閔妃に政治攻勢を仕掛けています。鎖国を強硬に主張した大院君でしたが、もはや「閔妃憎し」の感情が先行し、政策や理念などどうでもよかったのです。

大院君は高宗と閔妃を廃位して、自らの孫（高宗の兄の子）を王位につけようと画策したり、農民反乱を煽ったりしました。嫁と舅の仁義なき戦いは泥沼化し、果てしなく続きました。

大院君は様々な画策もむなしく、結局、閔氏政権を倒すことはできませんでした。朝廷の要職は閔氏勢力で占められており、大院君に協力する者は少数でした。大院君は遂に、最終手段に出ます。閔妃暗殺を画策するのです。

日清戦争後、清の後ろ楯を失った閔妃は日本を露骨に敵対視するようになります。閔妃は新たにロシアと結んで、日本の支配を排除しようとしました。ロシアが三国干渉に成功し、日本が清に遼東半島を返還すると、閔妃はロシアへの依存を強めていきます。

大院君は孤立していた日本に接近し、日本公使の三浦梧楼(ごろう)たちと暗殺計画を策定します。その計画は主に、日清戦争後、日本軍によって創設された訓練隊（朝鮮人兵で構成）を動員しようとするものでした。この訓練隊を率いていたのは禹範善(ウボムソン)という親日派軍人でした。

●大院君と閔妃の最期②

暗殺当日、大院君は訓練隊や日本人壮士を王宮の裏門から招き入れました。彼らは閔妃を含む宮女数人を殺害しました（「乙未(いつび)事変」）。

誰が直接、閔妃を殺したのか、また、首謀者だったのかということについて、諸説あります。高宗の息子の純宗(スンジョン)は、下手人は禹範善であったと証言しています。これについては、ほぼ間違いないでしょうが、問題は首謀者です。

大きく3つの説があります。第1が大院君首謀説、第2が三浦梧楼単独首謀説、第3が井上馨ら日本本国首謀説です。第3の日本本国が閔妃殺害を指示したとは到底考えられませんし、これは主に韓国側の主張です。

史料に乏しくわからないことが多いのですが、私は大院君が暗殺の首謀者で、三浦梧楼たち日本人が本国の指示もなく独断で、それを手伝ったというのが実態だろうと思います。日本人にとって、閔妃は邪魔な存在であって、消す動機は大いにあったことは間違いなく、日本公使の三浦梧楼たちが本国の意を忖度して、大院君に協力し、大院君の意を受けた禹範善とともに、王宮に乱入した。このように捉えるのが自然だと思います。

事件後、三浦梧楼は本国に呼び戻され、大院君は日本によって、幽閉されます。閔妃が死んだことで、大院君は満足したのか、もはや政治に関わることなく、隠居します。閔妃の死から3年後、1898年、77歳で死去しました。

その後、日露戦争を経て、日本はロシアを半島から排除し、さらに支配を強化します。最終的に1910年、併合条約が朝鮮と日本の双方の合意により調印され、大日本帝国は大韓帝国を併合し、日本の領土としました。

●閔妃のＤＮＡを受け継ぐ北朝鮮

閔妃の外交はその時々で、目まぐるしく変わりました。日本→中国→ロシアといった具合に、手を結ぶ相手を替えたのです。

『イソップ寓話』の中に、「卑怯なコウモリ」という一話があります。かつて、獣の一族と鳥の一族が戦争をしていました。両者の戦いを見ていたコウモリは、獣の一族が優勢な時、彼らに「私は全身に毛が生えているので、獣の仲間です」と言いました。鳥の一族が優勢になると、コウモリは彼らに「私は羽があるので、鳥の仲間です」と言いました。

『イソップ寓話』は紀元前6世紀に、ギリシアのアイソーポス(英語読み:イソップ)という人物によって編纂されました。こうした寓話には、時代を超越した普遍の真理が隠されているものです。

閔妃の外交はまさに、「卑怯なコウモリ」とまったく同じです。朝鮮半島は岩盤地質の山岳に覆われ、土地の痩せた貧弱な地域です。肥沃な中国大陸の東の果てに付随する半島国家として、中国など強い勢力に隷属するしかなかったのです。それが朝鮮人の悲しい宿命でした。この「事大主義」の隷属は李氏朝鮮の創始者の李成桂以来の国是であり、代々受け継がれていきました。

我々にとって節操のない「コウモリ外交」でも、朝鮮人からすれば、「事大主義」という名のもと、儒教によって大義名分を与えられた立派な倫理規範であるのです。

第十二章　中国はなぜ、半島の分断を歓迎するのか?

朝鮮戦争とその後

●ソウル、首都移転構想

ソウルのマンション建設ラッシュはまだまだ続いています。その販売価格も坪単価で、東京のマンションの2~3倍しています。そんな高額物件が次々と売れるというのですから驚きです。

ソウルは北朝鮮に近接しており、地政学的に極めて危険な都市です。北緯38度線の南北軍事境界線付近には、北朝鮮軍の約1万のロケット砲（長射程砲など）がソウルを向いており、これらが火を噴けば、１００万人が犠牲になると言われています。

それでも、ソウル市民は市内に高額なマンション物件を買い、そこに資産を形成します。因みに、保険会社は戦争で家屋が損傷を受けても保険金を支払いません。どの国でも、戦争は保険金支払いの免責事由となります。

韓国では、首都を南に移すことも検討されました。朴槿恵大統領の父の朴正熙大統領は１９７０年代、首都移転構想を打ち出します。これは実現しませんでしたが、その後、盧武鉉大統領がソウルの南東１２０キロの地に「世宗市」を建設し、ここを新しい首都にしようとしました。しかし、保守派の反対や２００４年に出された憲法裁判所の首都移転違憲判決により、遷都計画は頓挫しました。

朝鮮戦争の時代、韓国は追い詰められて、水原、大田、大邱、釜山と政府を移しました。それ以降、ソウルに首都を置き、北朝鮮の攻勢を押し返すということが政府の使命とされ、ソウルから遷都することは「後退」だとして否定的に捉えられたのです。

●中国に生かされる北朝鮮

朝鮮戦争は中国の存在なくして、起こりませんでした。中国にとって、アメリカの影響力が朝鮮半島に及ぶことは脅威です。そのため、朝鮮戦争に介入し、北朝鮮を支援しました。中国はアメリカに対する防波堤として、北朝鮮の存在が必要であったし、そして今もなお、必要です。

今日、北朝鮮はこうした状況を踏まえ、核開発を行い、最終的には、中国もそれを黙認せざるを得ないことをわかっています。核戦力は体制を維持するのに不可欠です。中国が北朝鮮の体制を維持することを必要としている限り、中国は北朝鮮の核保有を最終的には是認します。

朝鮮戦争で多くの中国兵の血を流して、ようやく築き上げた「防波堤」です。中国はこの「防波堤」をどんなことをしても守ります。中国が国際社会と協調して、北朝鮮に対し経済制裁をかけているのは、うわべだけのポーズであり、実際にはズブズブの関係が続いていると見るべきです。

中国にとって、北朝鮮は安全保障上、なくてはならない「防波堤」です。その意味において、北朝鮮を事実上、生み出し、今日まで生存させているのは中国であると言えます。２０００年に及ぶ中国の朝鮮支配は今もなお、形を変えて続いているのです。

●中国に丸投げしたスターリン

毛沢東（もうたくとう）によって、１９４９年、中華人民共和国が建国されました。これを最も喜んだのはソ連のスターリンでした。第２次世界大戦後、朝鮮半島は北緯38度線を境に北部をソ連軍に、南部をアメリカ軍に分割占領されることになりました。朝鮮半島が米ソ両勢力の最前線となったのです。

当時、スターリンの関心は東ヨーロッパに向けられていました。スターリンはアジアに触手を伸ばせば、アメリカが黙っていないということを理解しており、アメリカとの直接対決を避けるためにも、アジアには関わりたくないと考えていたのです。

毛沢東の中国が誕生したことで、スターリンは厄介な朝鮮半島問題を中国に丸投げすることができると考え、喜んだのです。１９５０年2月、中ソ友好同盟相互援助条約を締結し、スターリンは毛沢東を矢面に立たせるよう仕向けました。

北朝鮮の金日成（キムイルソン）が南進攻撃の承認を求めに、スターリンを訪問した時、スターリンは「中国が参戦するならば良い」という返事をしています。「中国と相談してくれ、自分は知らない」というのがスターリンの姿勢でした。

●毛沢東は慎重だった

次に、金日成は中国を訪問して、中国参戦の承認を得ようとしました。毛沢東は朝鮮戦争に最初から積極介入しようとしていたとよく誤解されますが、実際には、この時、毛沢東は介入に慎重な姿勢を示しています。中国は国共内戦の末にようやく、建国されたばかりで、朝鮮半島問題に介入する余裕などなかったのです。

金日成は「スターリンが南進を承認した」という嘘を毛沢東に言っていましたが、中国は早々にモスクワに電報を打ち、ソ連の真意を確認していましたので、金日成の嘘を見抜き、信用できない相手だと思っていました。

それでも、毛沢東は条件付きで、参戦を認めます。その条件とは、「中国は鴨緑江に軍を配置するが、アメリカが38度線を越えなければ、中国は干渉しない」というものでした。

中国共産党幹部の多くは北朝鮮の南進や中国の朝鮮半島介入に反対でした。しかし、毛沢東が反対論を押し切り、条件付きの参戦ということで妥結させました（朱建栄『毛沢東の朝鮮戦争―中国が鴨緑江を渡るまで』より)。

アメリカが38度線を越えるかどうか、そこが毛沢東にとっても大きな賭けでした。毛沢東は「アメリカは越えないだろう」という予測のもと、前記の条件を金日成に示したのです。しかし、毛沢東の予測は「暴れん坊将軍」のマッカーサーには全く通用しませんでした。

こうして、金日成は条件を整え、1950年6月25日、韓国へ奇襲攻撃をかけ、朝鮮戦争を引き起こします。

●朝鮮戦争の泥沼化は韓国の責任

毛沢東は北朝鮮が南進統一などできるはずがないということはわかっていましたが、それでも金日成に敢えて戦争をやらせたのには、理由があります。

北朝鮮がアメリカや韓国と戦うことで、対外危機を煽り、人民を結束させ、体制が固まれば、中国にとって都合のよい「防波堤」が仕上がります。中国にとって、朝鮮半島が分断されたままであることが最も心地よく、このことは朝鮮戦争当時から現在まで変わりません。

今日では、北朝鮮という強硬な独裁政権が存在することにより、中国はその暴走を制御するという名目を得て、極東アジアにおいて、大きな外交的プレゼンスを発揮することができます。

朝鮮戦争が勃発した当初、北朝鮮は快進撃を続け、釜山まで占領する勢いでしたが、アメリカが介入し、形勢が逆転。アメリカ軍と韓国軍を含む国連軍はソウルを奪還し、北朝鮮軍を38度線より北へ、押し返します。

本来、ここで戦争は終わるはずでしたが、韓国軍が単独暴走し、38度線を越えて北へ進撃しました。韓国の李承晩（イスンマン）大統領は北進統一を狙っており、軍に38度線を越え、平壌（ピョンヤン）を占領せよと指示していました。これに引きずられる形で、マッカーサー率いるアメリカ・国連軍も38度線を越えました。

これに対し、中国は軍事行動を取らざるを得なくなります。

●戦上手な中国「義勇軍」

マッカーサーは「ソ連は言うまでもなく、中国の介入の可能性はない」と主張していました。しかし、中国の周恩来（しゅうおんらい）首相はアメリカの「帝国主義的な領土侵犯を許さない」と警告を発しており、この段階で、中国の軍事介入の準備はかなり進んでいました。

状況を少し調査すればわかることであったにもかかわらず、マッカーサーは「介入はない」と大見得を切り、間違った判断に固執し、墓穴を掘ります。彼らは中国軍の侵攻が間もなくはじまることに全く気付かず、前線を無闇に拡大させました。

建国されたばかりの中国はアメリカとの全面衝突を避けるために、北朝鮮への派遣軍を正規の「人民解放軍」とせず、私的な「義勇軍」としました。「義勇軍」はソ連から支給された最新鋭の武器で武装し、100万人規模の強大な軍隊でした。「義勇軍」を率いたのは軍人の彭徳懐でした。その先発隊30万人は10月19日、密かに中朝国境を流れる鴨緑江を渡ります。

中国「義勇軍」の大部隊が前線のアメリカ軍に、突如猛攻を仕掛けてきます。アメリカ軍はパニックに陥り、各部隊に大打撃を与えられながら、撤退していきます。

この時、中国「義勇軍」は撤退するアメリカ軍を追撃せず、すぐに軍を引き揚げます。司令官の彭徳懐はマッカーサーが復讐心に燃えて、必ず報復してくると読んでいました。彭徳懐はアメリカ軍を待ち伏せて、返り討ちにする戦略を立てていたのです。彭徳懐ら中国「義勇軍」は国民党軍や日本軍との長く苦しい戦いを数多く経験し、戦略に長けていました。

態勢を立て直したマッカーサー軍は哀れにも彭徳懐の読み通り、中朝国境付近に陣取る中国「義勇軍」をめがけて、突進して来ました。国境付近は山岳地帯の入り組んだ地形で、攻める側が不利です。そのことをマッカーサーに進言する部下もいましたが、マッカーサーは自分の名誉を回復することに躍起になり、聞く耳を持ちませんでした。

中国「義勇軍」の大軍は、罠にハマったアメリカ軍を包囲し、一斉攻撃を加えます。アメリカ軍は抗し切れず、犠牲者を次々と出しながら撤退し、「アメリカ陸軍史上最大の敗走」となります。

彭徳懐　1898-1974年。日中戦争や国共内戦で活躍した中国共産党を代表する指揮官。

因みに韓国軍は国境付近で中国「義勇軍」と戦う前から怖じ気づき、我先にと逃げています。

●なぜ、休戦しなければならなかったのか？

マッカーサーは自らの失態が招いた「最大の敗走」の事実を隠すため、国境付近に出した偵察部隊が中国軍により攻撃を受けたという虚偽の報告をしています。度重なる失態で、もはや引っ込みがつかなくなったマッカーサーは中国東北部に「原爆を50発落とせ」という主張をはじめ、トルーマン大統領に総司令官を解任されます。

アメリカ軍はマッカーサーの失態で、北朝鮮や中国に対し、まともに戦争を続行できる状態ではありませんでした。こうした状況を踏まえ、トルーマン大統領は停戦を模索しはじめます。

1951年6月にソ連がこれに応じ、以後、休戦交渉が続きますが、難航しました。1952年の1年間は交渉が放棄されていた時期が多かったのですが、1953年3月、ソ連のスターリンが死去すると交渉が動きはじめました。アメリカでは1月に、トルーマン大統領からアイゼンハワー大統領に交代しています。

1953年7月27日、板門店(パンムンジョム)で北朝鮮・中国と国連軍の間で休戦協定が結ばれました。韓国の李承晩大統領はこの休戦協定を承認せず、抵抗しましたが、アイゼンハワーは無視しました。

この休戦協定は停戦を合意したに過ぎず、現在に至るまで、朝鮮戦争が正式に終わったことを示すものではないことに留意が必要です。

結果として、中国「義勇軍」はアメリカ軍を撃退し、北朝鮮を守りました。中国の威信は高まり、国際的にも、共産主義陣営におけるアジアのリーダーとして認められていきます。

●「延安派」のクーデター未遂

中国によって守られた北朝鮮は事実上の中国の傀儡（かいらい）国家となると思われました。毛沢東は、かつて中国王朝が朝鮮を属国にしたように、自分たちもまた、北朝鮮を属国にしようと目論んでいました。しかし、実際には、毛沢東の思惑通りにはいきませんでした。

中国は、北朝鮮の「延安（えんあん）派」と呼ばれる親中派の一派と連携していました（延安は1930年代後半の中国共産党の本拠地）。朝鮮戦争の際、彭徳懐の後押しで、「延安派」を軍や政権の要職に就けさせました。中国の力を背景に「延安派」は金日成に対抗し得る隠然たる勢力となります。

「延安派」は中国の意向を汲み、「ソ連派」とも連携し、金日成を操ろうとしました。金日成は中国の言いなりになることを嫌い、独自の政権基盤を築こうとしたため、「延安派」と対立しました。

スターリンの死から3年後の1956年、ソ連で「スターリン批判」が起きます。

図12−1　スターリン批判後の北朝鮮内部闘争

これは表向きは外交方針を巡る政策論争でしたが、実態としては、ソ連政権内部の権力闘争でした。この闘争に勝利したのは、資本主義陣営との平和共存外交を掲げたフルシチョフ派でした。毛沢東はフルシチョフの協調路線を批判し、「中ソ論争」となります。

スターリン批判とそれに伴う中ソ対立の混乱の中で、中国をバックとする「延安派」やソ連をバックとする「ソ連派」は、北朝鮮内における影響力を低下させていきます。高笑いしたのは金日成です。

これに、危機感を募らせた「延安派」と「ソ連派」が共謀して、クーデターを画策しました。しかし、計画は発覚してしまいます。彼らは公職追放されました（「八月宗派事件」）。

この事態を重く見た中国やソ連が北朝鮮に介入し、公職追放された「延安派」と「ソ連派」を復帰させました。金日成はやむを得ず、中国やソ連にいったん従います。特に、中国の彭徳懐が直接、北朝鮮に乗り込んで介入したことは金日成には大きな圧力でした。

●「朝鮮王」彭徳懐の失脚

彭徳懐の威名は中国でも轟いていました。朝鮮戦争の功績を認められて、初代国防部長に就任、軍部を掌握しました。朝鮮戦争の立役者、彭徳懐こそが実質的な「朝鮮王」であり、金日成をはじめ、誰もが逆らうことのできない人物だったのです。

彭徳懐はその名声を楯にして、毛沢東に対抗していました。元々、毛沢東とはウマが合わず、昔からよく言い争いをしていました。

金日成は、彭徳懐が毛沢東と一枚岩でなかったことから、いずれ行き詰まると見抜いており、「延安派」の粛清をジワジワと続けていました。

実際に、彭徳懐は早くも１９５９年、毛沢東の大躍進政策を批判して失脚します。「朝鮮王」が消えてなくなり、この時はじめて、金日成は中国の影響力を排除し、独裁権力を握ることができたのです。

彭徳懐の失脚の直後、毛沢東は関係改善の親書を金日成に送り、北朝鮮への支援を申し出ています。金日成は毛沢東の支援を一応受け入れますが、金日成の独裁は既に固まり、独自路線を歩みます。

北朝鮮は、朝鮮戦争で中国に危機を救われ、本来ならば中国に楯突くことなどできず、中国の属国になるのが順当でした。ところが、彭徳懐が毛沢東と対立したため、中国の足並みが乱れ、金日成はそこに付け込み、「延安派」を粛清しました。つまり、金日成のような不良者をのさばらせる原因を中国自身がつくったのです。

●中国が北朝鮮を助ける法的根拠

しかし、金日成の独自路線はすぐに破綻します。いかに強がって見せたところで、結局、北朝鮮のような小国は中国に頼らざるを得ません。

1961年、韓国で朴正熙（パクチョンヒ）が「5・16軍事クーデター」を起こし、親米右派の軍事政権が成立し、北朝鮮にとって、大きな脅威となりました。北朝鮮は韓国を牽制するため、すぐに中国にすり寄ります。同年7月、中朝友好協力相互援助条約が締結され、北朝鮮は中国の支援を受けることになります。

当条約では、北朝鮮が武力攻撃を受けた場合、中国が助けると規定されています。当条約は20年ごとに自動更新され、現在もなお、生きています。従って、現在、もし、アメリカが北朝鮮を攻撃するようなことがあれば、中国は当条約の規定に基づいて、アメリカ軍を撃退するために戦います。

条約は死文化しているとの指摘もありますが、それは違います。中国は自分の都合の良いように条約を解釈し、自分たちに有利な状況を法的に作り出すでしょう。

かつて、毛沢東は中国と北朝鮮との関係を「唇亡歯寒」と表現しました。これは唇がなくなれば、歯は寒くなるという意味の言葉で、互いの親密さを表しています。

北朝鮮にとって、中国は事実上の「庇護者」であるので、危機に追い込まれれば、結局は中国にすがろうとするのです。中国もまた、北朝鮮の利用価値を認めており、やはり、両者の関係は毛沢東のいう「唇亡歯寒」なのです。

金正恩は自分が話をする時に、部下にメモをとらせます。自分の指示を聞き漏らすのは許さないということらしく、メモをとらなかった部下を処刑しています。その金正恩が習近平と会談する時はいつも、必死になってメモをしています。これは中国に対する恭順の意志の表れです。

●金正日はなぜ中国の支援を断ったのか？

しかし、北朝鮮にも、こうした中国への依存を断ち切る機会が過去にありました。毛沢東が１９７６年に死去して以降、中国では、鄧小平が改革・開放路線を進めます。１９９０年代には、高度経済成長を遂げます。

こうした中で、金正日は2000年5月、電撃訪中し、江沢民主席ら中国指導部と会談しました。この時、翌月に開催される韓国の金大中大統領との首脳会談が予定されており、2018年の金正恩訪中と同様に、北朝鮮は中国の後ろ楯を必要としていました。

これ以降、金正日は2011年まで合計8回、訪中しています。2001年の2回目の訪中の際、中国は金正日に上海の経済特区を見学させ、共産主義体制を維持しながら、資本主義的な市場開放が可能であることを示し、中国に倣い、改革・開放路線を歩むべきと諭しています。つまり、北朝鮮の経済的自立を中国が助けようとしたのです。

しかし、北朝鮮はこれを拒否しました。経済の自由化は政治の自由化を求める動きとなるのは明白であり、金一族の世襲支配を根幹とする体制が維持できなくなると考えたのです。市場開放は金正日らにとって、自殺行為でした。

2000年に入り、中国は経済を大きく成長させ、世界経済を牽引する存在感を発揮しはじめていました。中国は、北朝鮮を地政学上の「防波堤」と捉える冷戦時代の思考から脱却し、経済を軸とした北朝鮮との新しい関係を築こうと考えていましたが、金正日たちはこれについていけませんでした。

２００８年のリーマン・ショック後、経済成長の熱狂が冷めると、中国は領土的野心を再燃させ、南沙諸島や日本の尖閣諸島にも露骨に領土侵犯するようになります。中国は軍事的なプレゼンスを増幅させながら、冷戦時代の対立構造を自ら再設定しました。

こうした中で、北朝鮮はアメリカなどの脅威を防ぐ「防波堤」の役割を再び与えられ、極東アジアの軍事的な勢力関係が更新され、今日に至ります。

おわりに

豊臣秀吉の朝鮮遠征軍の中で、小西行長が首都漢城（ソウル）に一番乗りしました。小西を驚かせたのは、朝鮮王の宣祖（チョンジョ）がまともに戦おうとせず、民衆を捨てて、我先に逃げたことでした。王が逃げた後、民衆は王宮に押し入り、略奪をし、本殿の景福宮などに放火しました。小西が漢城に入った時には、景福宮は焼け落ちていました。

王に愛想を尽かした朝鮮人の多くが日本に進んで投降しました。彼らは「順倭（スネ）」と呼ばれ、日本軍に協力し、道案内やスパイ活動などを行いました。

王はその後も敵前逃亡を繰り返し、開城（ケソン）、平壌（ピョンヤン）、義州（ウイジュ）へ逃げます。王は自分の命惜しさに、ただ逃げ惑うばかりでした。小西は逃げ足の速い王をなかなか捕らえることができず、苛立ちました。

日本軍は王を漢城で捕らえれば、朝鮮での戦争は終わると考えていました。日本の武士道からすれば、大将である王が我先に逃げることなどあり得ないことであり、想定外のことでした。日本軍は補給線を構築せず、一気に北上したため、戦争が長引けば、兵糧が切れてしまいます。

中朝国境沿いの義州（ウイシュ）まで王を追い詰めながら、小西が更に北上しなかったのは、王が中国の明へ亡命することを恐れたからです。明へ逃げ込まれてしまえば、王を捕らえることができなくなってしまいます。実際に、宣祖は明に逃げるための準備をしていました。分朝（朝廷を2つに分けること）を行い、世子の光海君（クァンヘグン）に片方の朝廷を任せ、自分はさっさと逃げるつもりだったのです。

小西は一旦、平壌で進軍を止めるしかありませんでした。秀吉の命令通り、明に攻め込むにしても、まずは王を捕らえ、朝鮮を平定しなければ、明侵攻の足場を築くこともできません。小西たちの苛立ちと焦りは相当なものだったでしょう。

一方、第2軍を率いていた加藤清正は義州にいる王の背後に回り込み、王の退路を断とうとしました。そのため、東北方面（咸鏡道（ハムギョンド））へと進軍します。しかし、加藤は咸鏡道から西に進むことができませんでした。

当時、ヌルハチ率いる満州人（女真族）が満州や遼東で台頭し、強大な勢力圏を形成していました。加藤は満州人に行く手を阻まれ、彼らの勢力圏を迂回するためのルートを探し、現在のロシア領のウラジオストクの付近までたどり着きます。しかし、義州や遼東へ至るルートから大きく外れてしまい、軍を引き返す以外にありませんでした。

そして、明が朝鮮に援軍を派遣することになり、日本軍は平壌から撤退します。結果的に、我が身かわいさに逃げまくった王のおかげで、朝鮮は明の援軍を得るまでの時間稼ぎに成功しました。まさに、「逃げるが勝ち」という不文律が出来上がり、朝鮮人は王から一兵卒に至るまで、敵前逃亡することを「伝統のお家芸」とするようになります。

朝鮮人の「伝統のお家芸」が現代史において、とんでもない悲劇を招きます。1950年6月25日に北朝鮮軍が38度線を越えて侵攻を開始してから3日後、ソウル市内に突入します。当時の韓国大統領李承晩（イスンマン）もやはり、我先に逃げました。それも、ただ逃げるだけではなく、追って来る北朝鮮軍の南下を食い止めるため、漢江（ハンガン）大橋を爆破するのです。

ソウル市民は北朝鮮軍がソウルに入って来るのを見てはじめて、危機に気付き、避難しはじめました。ソウルから南へ逃れるには、漢江を渡らなければなりません。市民は漢江大橋に殺到し、付近は大混乱でした。

ほとんどの市民は未だ、市内から避難していません。橋を爆破するということは彼らを見殺しにするということです。李承晩はそれをわかっていながら、橋の爆破を命じました。

午前2時30分、夜中でしたが漢江大橋の付近に、押すな押すなと市民が詰めかけていました。軍が市民を制止しようと試みましたが、現場はパニック状態で、もはや統制不可能でした。市民が橋の上を徒歩で渡っている最中、橋は爆破されました。橋の上にいた市民約５００～８００名がこの爆破で死にました。

漢江北岸には多くの市民が取り残されました。この時、市民は自分たちが政府に見捨てられたのだと実感しました。

しかし、政府が見捨てたのは市民だけではありません。韓国軍の数千人に及ぶ部隊が未だ、取り残されていました。彼ら軍人は１０００両にも及ぶ車両やおびただしい武器を持っていましたが、北朝鮮軍にそれらを接収された上、殺されました。

市民は警官、役人、地主などから順番に、北朝鮮軍に殺されていきました。北朝鮮軍が軍事侵攻をしてからわずか3日、ソウルは地獄と変わり果ててしまいます。

李承晩は大田（テジョン）に逃げ、そこまで北朝鮮軍が迫ると大邱（テグ）に逃げます。大邱にも北朝鮮軍が迫ると、釜山（プサン）に逃げました。李承晩は7月2日に釜山に到着しています。韓国軍は漢江大橋爆破以後、士気を大きく低下させて、指揮系統を失い、北朝鮮の進撃にまともに抗戦することもできませんでした。

韓国南端の釜山まで逃げた李承晩はもうこれ以上、逃げられる所はありませんでしたが、命惜しさに、日本の山口県に亡命を受け入れてもらうよう、日本と交渉をはじめています。李承晩は大の日本嫌いであったにもかかわらず、日本に助けを求めたのですから、まさに恥も外聞もありません。

しかし、ようやくアメリカ軍が釜山近郊で、北朝鮮軍を押し返しはじめ、李承晩はギリギリのところで日本に亡命せずに済みます。


2014年、韓国のセウォル号が沈没した際、避難誘導の任にあたるべき船長が真っ先に逃げました。船長は「船室で待機するように」との船内放送を流しており、この指示に従って船室にとどまった乗客は水が船室に流れ込み、出られなくなってしまいました。修学旅行生ら293人の若い命が失われました。

1950年の朝鮮戦争の際、李承晩はラジオで「国軍が北朝鮮軍をよく防いでいる。落ち着いて行動するように」という放送を流します。ソウルに北朝鮮軍が迫っていましたが、ソウル市民はこの放送を信じて、避難行動を取りませんでした。大砲の音が間近に聞こえた時、ようやくソウル市民は「これはタダ事ではない」と気付きはじめたのです。この時、李承晩は既に、ソウルから脱出していました。

朝鮮には、自分だけが助かろうとして逃げる「伝統のお家芸」があります。彼らは社会や公共、更には国というものの意識を持たず、国のために戦おうという発想ももちろんなく、外敵が攻めて来ても、ただ逃げ惑うばかりでした。

朝鮮は歴史的に中国の属国にされてきました。本書で、その「歴史的隷属」がどのように朝鮮人の心を蝕み、「精神の卑屈」を生んできたのか、また、それが長い歴史の中で、今日にまで受け継がれているのかを読み解いてきました。国民が自分たちの歴史を誇ることができない、このことが歪んだ政治（北朝鮮の核問題、韓国の反日など）を生む根源的な原因となっています。

戦後、日本は韓国に様々な支援をしてきました。その代表的な例として、1965年、日韓基本条約を締結し、日本は韓国に総額8億ドルの支援をしました。

歴代総理や外務大臣は「韓国は様々な試練・苦境を経て、今がある。少々のことならば寛大に……」ということで、韓国の要求を受け入れてきました。

「少々のことならば寛大に……」という我慢には、限界があります。それでも、我々は韓国や北朝鮮が特殊な歴史を経た特殊な国であることをよく認識し、この厄介な隣国隣人と関わっていかざるを得ません。これは日本の宿命です。

宇山卓栄

参考文献

武田幸男（編集）『朝鮮史』（山川出版社）２０００年
姜在彦『朝鮮儒教の二千年』（講談社学術文庫）２０１２年
小島毅『東アジアの儒教と礼』（山川出版社）２００４年
金富軾（著）、井上秀雄（翻訳）『三国史記』（東洋文庫）１９８０年
早乙女雅博『朝鮮半島の考古学』（同成社）２０００年
韓国考古学会（編集）、武末純一（翻訳）、庄田慎矢（翻訳）、山本孝文（翻訳）『概説 韓国考古学』（同成社）２０１３年
李成市『東アジア文化圏の形成』（山川出版社）２０００年
砺波護、武田幸男『世界の歴史⑥隋唐帝国と古代朝鮮』（中公文庫）２００８年
金両基『物語 韓国史』（中公新書）１９８９年
山内弘一『朝鮮からみた華夷思想』（山川出版社）２００３年
小倉紀蔵『朝鮮思想全史』（ちくま新書）２０１７年
黄文雄『漢字文明にひそむ中華思想の呪縛』（集英社）２０００年
姜在彦『歴史物語 朝鮮半島』（朝日選書）２００６年
金達寿『朝鮮―民族・歴史・文化』（岩波新書）２００２年
李成茂、その他『朝鮮王朝史』〈上・下〉（日本評論社）２００６年
八幡和郎『韓国と日本がわかる最強の韓国史』（扶桑社新書）２０１７年

麻生川静男『本当に悲惨な朝鮮史　「高麗史節要」を読み解く』（角川新書）２０１７年
豊田隆雄『本当は怖ろしい韓国の歴史』（彩図社）２０１６年
須川英徳『韓国・朝鮮史への新たな視座―歴史・社会・言説』（勉誠出版）２０１７年
宮脇淳子、倉山満『残念すぎる朝鮮１３００年史』（祥伝社新書）２０１８年
宮脇淳子、倉山満『真実の朝鮮史【６６３－１８６８】』（ビジネス社）２０１４年
宮脇淳子、倉山満『真実の朝鮮史【１８６８－２０１４】』（ビジネス社）２０１４年
宮脇淳子『日本人が知らない満洲国の真実』（扶桑社新書）２０１７年
杉山正明『遊牧民から見た世界史』（日経ビジネス人文庫）２０１１年
岡田英弘『モンゴル帝国から大清帝国へ』（藤原書店）２０１０年
古田博司『朝鮮民族を読み解く―北と南に共通するもの』（ちくま学芸文庫）２００５年
野崎充彦『コリアの不思議世界―朝鮮文化史27話』（平凡社新書）２００３年
イ・インソク（著）、チョン・ヘンニョル（著）、その他『検定版韓国の歴史教科書―高等学校韓国史』（明石書店）２０１３年
三橋広夫（翻訳）『韓国の高校歴史教科書』（明石書店）２００６年
李東一『北朝鮮の歴史教科書』（徳間書店）２００３年
森平雅彦『モンゴル覇権下の高麗―帝国秩序と王国の対応』（名古屋大学出版会）２０１３年
森平雅彦『モンゴル帝国の覇権と朝鮮半島』（山川出版社）２０１１年
北島万次『秀吉の朝鮮侵略と民衆』（岩波新書）２０１２年

尹達世『四百年の長い道—朝鮮出兵の痕跡を訪ねて』（リーブル出版）２００３年
朴永圭（著）、神田聡（翻訳）、尹淑姫（翻訳）『朝鮮王朝実録』（キネマ旬報社）２０１２年
柳成竜（著）、朴鐘鳴（訳注）『懲毖録』（東洋文庫）１９７９年
李舜臣（著）、北島万次（訳注）『乱中日記』（東洋文庫）２０００年
金両基『ハングルの世界』（中公新書）１９８４年
麻生川静男『旅行記・滞在記５００冊から学ぶ 日本人が知らないアジア人の本質』（ウェッジ）２０１６年
渡辺惣樹『朝鮮開国と日清戦争：アメリカはなぜ日本を支持し、朝鮮を見限ったか』（草思社）２０１４年
原武史『直訴と王権　朝鮮・日本の「一君万民」思想史』（朝日新聞出版）２０１３年
韓洪九（著）、高崎宗司（翻訳）『韓洪九の韓国現代史　韓国とはどういう国か』（平凡社）２００３年
朱建栄『毛沢東の朝鮮戦争—中国が鴨緑江を渡るまで』（岩波現代文庫）２００４年
文京洙『新・韓国現代史』（岩波新書）２０１５年
和田春樹『北朝鮮現代史』（岩波新書）２０１２年
アナトーリー・トルクノフ（著）、金成浩（翻訳）、下斗米伸夫（翻訳）『朝鮮戦争の謎と真実—金日成、スターリン、毛沢東の機密電報による』（草思社）２００１年
下斗米伸夫『アジア冷戦史』（中公新書）２００４年

小倉和夫（編集）、康仁徳（編集）『朝鮮半島 地政学クライシス 激動を読み解く政治経済シナリオ』（日本経済新聞出版社）２０１７年
沈志華（著）、朱建栄（翻訳）『最後の「天朝」――毛沢東・金日成時代の中国と北朝鮮』〈上・下〉（岩波書店）２０１６年
古川勝久『北朝鮮 核の資金源：「国連捜査」秘録』（新潮社）２０１７年
李相哲『金正日秘録 なぜ正恩体制は崩壊しないのか』（産経新聞出版）２０１６年
李相哲『金正日と金正恩の正体』（文春新書）２０１１年

文庫版あとがき

昨今、動画配信サービスのNetflix（ネットフリックス）では、韓国映画やドラマが上位ランキングにズラリ並んでいると言います。映画だけでなく、Ｋ－ＰＯＰ（韓国音楽）を熱狂的に支持する日本人も少なくないそうです。韓国人や韓国カルチャーに憧れる日本人女性が韓国人男性と好んで付き合うということもよくあるようです。日韓の政治関係や歴史認識問題など、まるで存在しないかのようにスルーされています。

このような日本人が今後も増殖していけば、韓国に、我が国の世論や教育を操られることにさえなりかねず、国家の安全保障問題にも関わってきます。

日本の学校では、半島の歴史的事実を教えません。朝鮮半島は一時期を除き、約2000年間、中国の属国でした。悲惨な隷属を強いられた朝鮮民族の歴史を教えることをタブーとしているのです。朝鮮人のことだけではなく、彼らを支配した中国人の無法さをも教えることをタブーとしています。

このように、真実から隔絶された状況で、我々日本人は隣人の本当の姿を知らないままでいます。あるいは知らされないままでいます。

民族が生きた歴史の記憶は否応なく、民族の遺伝子に刻まれます。そして、それは民族の血として世代に受け継がれていきます。潜在下に流れ続ける民族の「血の記憶」に対し、抵抗したり、粉飾したり、隠蔽したりすることはできません。どのように着飾ったとしても、民族の精神の蓄積と内奥は不変です。

民族の「血の記憶」は自然かつ必然的に表出されるものであり、それが民族の行動様式や思考様式となって現れます。

日韓議員連盟などが推し進める善隣外交は根本的に間違っています。それによって、韓国は「結局、日本は尻尾を振って寄ってくる」と考え、ますます調子に乗って日本を甘く見て、無法を仕掛けてきます。

連盟の議員たちに限らず、媚韓・従北の日本人たちが、闇雲（やみくも）な親善によって、誤ったメッセージを送り、半島の無法行為の原因を自らつくっています。調子に乗る方よりも、調子に乗らせる方がもっと悪いのです。

我々が韓国や北朝鮮という厄介な隣人に、どう対処すればよいか。それは、中国が歴史的に、彼らにどう対処してきたかということを見れば、全てわかります。厄介者の対処について、中国人には、天賦の才があります。その才を我がものにするような、したたかさを、我々日本人が兼ね備えることが重要です。

「朝鮮人」という言い方は差別的なので使わないで頂きたいと、私はある雑誌の編集部から原稿校正を入れられたことがあります。「朝鮮人」と言わずして、何と言うのかとその編集部に尋ねたところ、「韓国人」と言うべきだというのです。1948年以前に韓国などという国は無かったのに、どうして、それを「韓国人」と書くことができるのかと問うと、現在は韓国という国があるのだから、現在や過去に限らず、その名称を使うべきだと強く要請されました。もちろん、私はその雑誌の記事掲載を断りました。

韓国の人々や北朝鮮の人々を総称する時には、「朝鮮人」を使います。差別語ではありません。これを差別語と捉える人は「朝鮮人」の言葉に負のイメージを勝手に連想させているだけのことです。「朝鮮人」に負の意味はなく、それは民族の名を純粋に表す言葉です。

このような錯誤が発生する背景には、我々日本人の朝鮮人に対する強烈な贖罪(しょくざい)意識があります。「かつて、日本人が朝鮮人に悪いことをした」という先入観が、我が国の不当な歴史教育において、我々の意識に刷り込まれている結果、生ずる錯誤です。

１９１０年の日韓併合は朝鮮側（当時は大韓帝国）の要望によって、なされたものです。李完用首相ら朝鮮閣僚の求めに応じて、１９１０年、韓国併合条約が調印され、合法的に大日本帝国は朝鮮を併合しました。よく日本の教科書などに記載されている武力を用いて朝鮮を併合したなどというようなことは一切ありませんでした。

そして、日本は極貧状態であった朝鮮に、道路・鉄道・学校・病院・下水道などを建設しました。特に、ソウルでは、劣悪な衛生状態で様々な感染症が蔓延していたため、病院の建設など医療体制の整備に最も力を入れました。支出が超過するばかりで、日本にとって何の儲けにもなりませんでした。

イギリスはいわゆる植民地型収奪でインドを搾取したとされます。１９２０〜30年代のインドのＧＤＰ成長率は年間１％でした。これに対し、朝鮮は同期間に年間４〜５％も成長していました。また、第２次産業（鉱工業）や第３次産業（サービス業）も急激に拡大しました。第１次産業しかなかった朝鮮を、日本は莫大な資金を注ぎ込んで、近代化させたのです。朝鮮総督府の統計によると、１９１０〜１９４０年にかけて、朝鮮の人口は約１３００万人から約３０００万人に増え、米の生産高は２・８

億円から7・1億円に増大、工業生産高は13億円から86億円となっています。

当時の朝鮮半島は日本の「植民地」ではなく、「日本の一部」でした。日本と半島の関係は例えるならば、かつてのイギリスとアイルランドとの関係に近いものです。イギリスにとって、インドは植民地でしたが、アイルランドは植民地ではなく、「イギリスの一部」でした。これと同じことが日本と半島との関係についても言えます。

日本の現在の学校教育では、日本の朝鮮統治が植民地的収奪であったかのようなイメージを教えられ、我々の頭の中に刷り込まれています。「日本人が朝鮮人に悪いことをした」という事実に基づかない贖罪意識を持っている限り、相手は執拗に付け込んで、ますます居丈高（いたけだか）になって謝罪を要求してきます。

戦後、韓国の企業は日本の技術を盗用し、発展しました。サムスンの創業者李秉喆（イビョンチョル）氏は日本企業を徹底的に模倣したことで知られます。サムスン電子は１９６９年、三洋電機と合弁会社をつくり、ラジオやテレビなどの家電製品を生産しはじめます。製造技術は日本に全面依存、部品は日本から輸入しました。その他、サムスンは東芝、ＮＥＣ、松下、ソニーなどとも合弁会社をつくっています。

１９７０年代以降、サムスンのため、日本のエンジニアたちが渡韓し、技術指導をしています。サムスンの技術者や熟練労働者も日本に大量派遣されています。サムスンは日本企業の人材開発プログラムを導入し、日本の企業で使われている教材などを集めて翻訳し、日本の電子企業に社員を派遣し、研修を受けさせました。

1980年代に、サムスンは躍進します。李秉喆氏は「日本企業は欧米企業より韓国企業に対し好意的だった」と発言しました。

サムスンだけではなく、ヒュンダイもまた、日本企業の模倣によって、成長した韓国企業です。ヒュンダイの創業者の鄭周永（チョンジュヨン）氏は「（日本から）盗んだ技術書・設計図はコンテナ2台分になった」と言い放っています。

1971年、朴正熙政権は国立大学・韓国科学技術院を創設し、日本技術者を教員に雇い入れています。官民が一体となり、技術盗用をし、韓国政府も進んで技術盗用のために、予算をつけたのです。

韓国には「用日」という言葉あります。「用日」というのは、日本から金銭や技術などの支援を引き出し、日本を利用することを意味します。

だます方が悪いのでしょうか、だまされる方が悪いのでしょうか。対話を繰り返して、相手が図に乗り、無理難題を吹っ掛けてきたとき、さらに感情悪化が募り、双方の溝が深まるリスクがあります。

16世紀、イタリア・ルネサンス時代の政治思想家マキャベリはこう言っています。

「人を率いていくほどの者ならば、常に考慮しておくべきことの一つは、人の恨みは悪行からだけではなく善行からも生まれるということである。心からの善意で為されたことが、しばしば結果としては悪を生み、それによって人の恨みを買うことが少なくないからである」（マキャベリ『君主論』より）

宇山卓栄

【著者略歴】 **宇山卓栄**（うやま たくえい）
1975年、大阪生まれ。慶應義塾大学経済学部卒業。代々木ゼミナール世界史科講師を務め、著作家。テレビ、ラジオ、雑誌など各メディアで、時事問題を歴史の視点でわかりやすく解説。主な著書に、『民族で読み解く世界史』、『王室で読み解く世界史』、『宗教で読み解く世界史』（以上、日本実業出版社）、『世界一おもしろい世界史の授業』（KADOKAWA）、『経済で読み解く世界史』、『韓国暴政史―「文在寅」現象を生む民族と社会』（以上、扶桑社）、『世界史で読み解く天皇ブランド』（悟空出版）その他著書多数。

朝鮮属国史

中国が支配した2000年

発行日　2022年2月10日　初版第1刷発行

著　者　宇山卓栄

発行者　久保田榮一
発行所　株式会社 扶桑社
〒105-8070　東京都港区芝浦 1-1-1　浜松町ビルディング
電話 (03)6368-8870（編集）
(03)6368-8891（郵便室）
www.fusosha.co.jp

DTP制作　株式会社 明昌堂
印刷・製本　中央精版印刷 株式会社

定価はカバーに表示してあります。
造本には十分注意しておりますが、落丁・乱丁（本のページの抜け落ちや順序の間違い）の場合は小社郵便室宛にお送りください。送料は小社負担でお取り替えいたします（古書店で購入したものについては、お取り替えできません）。

Printed in Japan
ISBN978-4-594-08981-8